Índice del Manual sobre Seguros y Productos de Inversión

1. Introducción

La planificación financiera es esencial para el bienestar a largo plazo, tanto de personas como de empresas. Dentro de esta planificación, los seguros y los productos de inversión juegan un rol clave. Los seguros ofrecen protección frente a eventos adversos e imprevistos, mientras que los productos de inversión brindan la posibilidad de hacer crecer el capital y alcanzar objetivos financieros futuros. Este manual busca proporcionar una guía completa y accesible para comprender ambos aspectos, ayudando a los lectores a tomar decisiones informadas y estratégicas.

El contenido de este manual está diseñado para abordar las necesidades de todo tipo de personas, desde aquellos sin experiencia previa en seguros e inversión hasta aquellos con un conocimiento intermedio o avanzado en el tema. Este documento ofrecerá no solo una comprensión básica de conceptos y terminología, sino también estrategias y recomendaciones prácticas que los lectores podrán aplicar a sus propias circunstancias financieras.

1.1 Objetivos del Manual

Este manual tiene como objetivo proporcionar a los lectores una comprensión completa y práctica de los seguros y productos de inversión. A continuación, se describen los objetivos específicos:

1.1.1 Entender el Rol de los Seguros en la Planificación Financiera

Uno de los objetivos principales es explicar el papel fundamental que desempeñan los seguros en la planificación financiera y en la mitigación de riesgos. El manual busca que el lector comprenda cómo los seguros pueden proporcionar una red de seguridad ante eventos imprevistos, como enfermedades, accidentes, o daños materiales, y cómo seleccionar los seguros adecuados para sus necesidades específicas.

1.1.2 Presentar los Diferentes Tipos de Seguros y sus Características

El manual examinará distintos tipos de seguros —como seguros de vida, salud, hogar, automóvil y responsabilidad civil—, desglosando sus características, beneficios y limitaciones. Este análisis ayudará al lector a diferenciar entre los diversos productos disponibles en el mercado y a identificar cuál se ajusta mejor a sus necesidades.

1.1.3 Explicar el Concepto de Inversión y sus Principales Productos

A través de una explicación detallada de los conceptos básicos de inversión, el manual guiará al lector en el proceso de aprendizaje de cómo funcionan los productos de inversión y de qué manera se alinean con los objetivos financieros. El objetivo es dotar al lector de los conocimientos necesarios para entender la variedad de productos de inversión, como cuentas de ahorro, fondos de inversión, acciones, bonos y criptomonedas, además de sus respectivas ventajas y riesgos.

1.1.4 Desarrollar una Guía para Evaluar y Seleccionar Seguros y Productos de Inversión

Este manual también proporcionará herramientas para evaluar y seleccionar tanto seguros como productos de inversión. Incluirá criterios de comparación, preguntas claves que el lector debe hacerse antes de tomar una decisión, y ejemplos prácticos para ilustrar cómo analizar las opciones disponibles en el mercado.

1.1.5 Proporcionar Estrategias de Gestión de Riesgos y Optimización Financiera

Otro objetivo es ofrecer al lector estrategias prácticas para gestionar el riesgo financiero y optimizar sus recursos. Esto incluye recomendaciones sobre diversificación, administración de riesgos y planificación fiscal. Estas estrategias están orientadas a maximizar el beneficio del portafolio de inversión del lector mientras se minimizan los riesgos asociados.

1.1.6 Abordar el Marco Legal y Normativo que Rige Seguros e Inversiones

Es fundamental que el lector comprenda el marco legal y regulatorio que rige los productos de seguros y de inversión en su país. Este manual proporcionará una introducción a las normativas y regulaciones que afectan a estos productos, desde leyes sobre protección al consumidor hasta obligaciones fiscales, para que el lector pueda manejar estos productos de manera informada y cumpliendo con las normativas vigentes.

1.1.7 Fomentar la Toma de Decisiones Informada y Responsable

El objetivo último de este manual es capacitar al lector para tomar decisiones informadas y responsables. La comprensión de los seguros y las inversiones le permitirá evaluar sus propias necesidades, definir metas financieras y seleccionar productos que le ayuden a alcanzar sus objetivos sin incurrir en riesgos innecesarios. Este manual pretende ser una herramienta educativa y de consulta para que el lector pueda volver a él en diferentes etapas de su vida financiera.

1.2 Importancia de los Seguros y Productos de Inversión

La gestión adecuada de las finanzas personales y empresariales es fundamental para la seguridad y estabilidad en el presente y para asegurar una proyección estable hacia el futuro. Los seguros y productos de inversión son pilares clave dentro de esta planificación financiera integral, ya que cumplen funciones complementarias: los seguros protegen ante pérdidas y eventos adversos, mientras que los productos de inversión buscan hacer crecer el patrimonio y alcanzar metas financieras.

1.2.1 Seguridad Financiera: Protección ante Incertidumbre

Uno de los mayores beneficios de los seguros es la protección que ofrecen frente a riesgos que pueden afectar la estabilidad financiera. Eventos como enfermedades, accidentes, pérdidas materiales o fallecimientos inesperados pueden tener consecuencias devastadoras.

Los seguros actúan como una red de seguridad, cubriendo los costos asociados a estos eventos y asegurando que el individuo o la familia pueda mantener su estilo de vida o cubrir necesidades críticas sin recurrir a ahorros o endeudarse.

La importancia de los seguros es evidente en varios contextos:

- **Seguros de salud**: Protegen frente a los costos médicos, que en muchos países pueden ser extremadamente altos, permitiendo que los asegurados accedan a atención médica sin poner en peligro su estabilidad financiera.
- **Seguros de vida**: Aseguran que los dependientes del titular puedan tener recursos en caso de fallecimiento, cubriendo gastos y necesidades futuras.
- **Seguros de hogar**: Proporcionan cobertura frente a daños en la propiedad causados por accidentes, desastres naturales o robos, evitando pérdidas materiales significativas.
- **Seguros de responsabilidad civil**: Protegen contra demandas o reclamaciones de terceros, lo cual es esencial para quienes desean resguardar su patrimonio frente a imprevistos legales.

Los seguros son fundamentales no solo para las personas, sino también para las empresas, ya que ayudan a mitigar los riesgos financieros y operativos. En el ámbito corporativo, seguros como el de responsabilidad civil, seguros de daños y seguros de interrupción de negocios son esenciales para proteger los activos de la empresa y asegurar su continuidad.

1.2.2 Construcción y Crecimiento del Patrimonio: La Importancia de Invertir

Mientras que los seguros protegen contra pérdidas, los productos de inversión permiten la construcción y el crecimiento del patrimonio a lo largo del tiempo. La inversión es fundamental para alcanzar metas financieras como la compra de una vivienda, la educación de los hijos o la jubilación, y brinda la posibilidad de multiplicar los ahorros. En lugar de dejar el dinero sin generar rentabilidad, invertir permite que el capital trabaje para el titular, generando ingresos adicionales a través de instrumentos como bonos, acciones, fondos de inversión y otros productos financieros.

La importancia de los productos de inversión radica en varios aspectos:

- **Protección contra la inflación**: Mantener los ahorros en cuentas que no generen interés suficiente puede resultar en una pérdida de poder adquisitivo debido a la inflación. Invertir en productos adecuados permite, al menos, mantener el valor real del dinero con el tiempo.

- **Crecimiento de capital**: A través de instrumentos de inversión, es posible obtener rendimientos superiores a los que ofrecerían las cuentas de ahorro tradicionales. Productos como fondos de inversión, acciones o bienes raíces pueden generar retornos que permitan al inversor alcanzar sus objetivos financieros más rápido.

- **Generación de ingresos pasivos**: Algunos productos de inversión, como los bonos y los bienes raíces, permiten recibir ingresos de forma pasiva. Esto es crucial para quienes desean construir un flujo de ingresos estable sin depender exclusivamente de su salario.

- **Preparación para la jubilación**: Planes de pensiones y otros productos de inversión a largo plazo son esenciales para asegurar una jubilación tranquila y estable. En lugar de depender solo de sistemas de pensión pública, cada vez más personas optan por construir su propio fondo de retiro, invirtiendo de manera constante durante su vida laboral.

1.2.3 Diversificación de Riesgos: Un Enfoque Balanceado

La combinación de seguros y productos de inversión permite construir una estrategia de diversificación de riesgos más completa. Al tener seguros, el individuo o la empresa reduce la exposición a riesgos específicos que podrían tener consecuencias graves en su economía. Al mismo tiempo, la inversión ofrece la posibilidad de diversificar el riesgo financiero mediante la creación de un portafolio de activos que puede amortiguar la volatilidad del mercado.

Por ejemplo, una persona que invierte en un portafolio diversificado de acciones, bonos y bienes raíces puede generar ingresos y protegerse contra fluctuaciones del mercado. Si además cuenta con seguros de vida y salud, está protegido ante posibles eventos de salud que podrían afectar sus finanzas personales. Este enfoque balanceado entre protección e inversión es una base sólida para cualquier plan financiero.

1.2.4 Bienestar Emocional: Reducción de Estrés y Mejora de la Calidad de Vida

El bienestar financiero está directamente relacionado con la tranquilidad y la calidad de vida. Saber que se cuenta con un respaldo en caso de emergencias (gracias a los seguros) y que, al mismo tiempo, se trabaja para el futuro mediante inversiones, ofrece una sensación de seguridad que reduce el estrés financiero. Esto permite que las personas se concentren en sus actividades diarias sin preocuparse constantemente por eventualidades que puedan afectar su economía.

Además, al tener objetivos financieros claros y al ver que se está progresando hacia ellos mediante productos de inversión adecuados, el bienestar emocional aumenta. La posibilidad de planificar para la educación de los hijos, la compra de una vivienda o un retiro sin sobresaltos financieros brinda una estabilidad emocional y confianza en el futuro.

1.2.5 Impacto en la Sociedad y la Economía

Los seguros y los productos de inversión también desempeñan un papel crucial en la economía en general. Por un lado, los seguros permiten que tanto individuos como empresas puedan asumir riesgos que de otra manera evitarían, lo cual fomenta la innovación y el crecimiento económico. Por ejemplo, un emprendedor puede crear una nueva empresa sabiendo que cuenta con seguros para protegerse contra ciertas pérdidas o reclamaciones, lo cual fomenta el desarrollo empresarial.

Por otro lado, los productos de inversión permiten canalizar recursos hacia proyectos productivos, generando empleo y crecimiento económico. Las inversiones en bonos del gobierno, por ejemplo, financian proyectos de infraestructura, educación y salud, que son clave para el desarrollo de una nación. Las inversiones privadas, a su vez, contribuyen al crecimiento de empresas y sectores clave de la economía, impulsando la innovación y la competitividad.

1.2.6 Educación Financiera: Hacia una Cultura de Prevención y Crecimiento

Promover el conocimiento y uso de seguros y productos de inversión es esencial para fomentar una cultura de prevención y crecimiento financiero. Este manual pretende no solo enseñar sobre estos productos, sino también crear conciencia sobre la importancia de una planificación adecuada. La educación financiera es la base para que cada individuo pueda asumir el control de sus finanzas, protegiéndose ante imprevistos y maximizando sus oportunidades de crecimiento.

2. Conceptos Básicos

Para tomar decisiones informadas en el ámbito financiero, es fundamental comprender algunos conceptos básicos sobre seguros y productos de inversión. Esta sección explica de manera clara y accesible los conceptos esenciales, sirviendo de base para profundizar en los productos y servicios que se abordarán más adelante en el manual.

2.1 Definición de Seguros

2.1.1 ¿Qué es un Seguro?

Un seguro es un contrato mediante el cual una entidad aseguradora (la compañía de seguros) se compromete a indemnizar a una persona física o jurídica (el asegurado) ante un evento inesperado que cause una pérdida económica o personal, en intercambio del pago de una prima o cuota. Este contrato está diseñado para proteger al asegurado contra ciertos riesgos financieros derivados de eventos específicos que puedan afectar su bienestar o estabilidad financiera.

Los seguros funcionan bajo el principio de transferencia de riesgo. Esto significa que, en lugar de enfrentar el costo total de una pérdida imprevista, el asegurado transfiere ese riesgo a la aseguradora, la cual asume la responsabilidad económica en caso de que ocurra el evento previsto en la póliza. Esta transferencia se logra mediante el pago regular de una prima, que es el costo que el asegurado paga para tener derecho a la cobertura.

2.1.2 Partes de un Contrato de Seguro

Para entender a fondo qué es un seguro, es importante conocer las partes que intervienen en el contrato y algunos términos clave:

- **Asegurador o compañía de seguros**: Es la entidad financiera que asume el riesgo y se compromete a indemnizar al asegurado. Las aseguradoras son empresas especializadas en gestionar y mitigar riesgos a través de la venta de pólizas de seguros.
- **Asegurado**: Es la persona, entidad o bien que recibe la protección del seguro. En algunos casos, el titular de la póliza puede ser distinto al asegurado (por

ejemplo, en un seguro de vida, el titular puede contratar la póliza para proteger a su familia).

- **Tomador o titular de la póliza**: Es la persona que firma el contrato de seguro con la compañía y paga la prima. En algunos casos, el tomador y el asegurado pueden ser la misma persona, pero también pueden ser distintos.

- **Beneficiario**: Es la persona o personas designadas para recibir el beneficio o indemnización en caso de que ocurra el siniestro asegurado. En seguros de vida, por ejemplo, los beneficiarios suelen ser los familiares o dependientes del asegurado.

- **Prima**: Es el pago que el asegurado hace periódicamente (mensual, trimestral, anual, etc.) para mantener activa la cobertura del seguro. La prima varía según el tipo de seguro, el riesgo cubierto, la edad y condiciones de salud del asegurado, entre otros factores.

- **Póliza**: Es el documento que contiene todas las condiciones y términos del contrato de seguro, incluyendo el tipo de cobertura, la duración, los riesgos cubiertos, los montos de indemnización y cualquier limitación o exclusión.

- **Siniestro**: Es el evento o circunstancia que activa la cobertura del seguro, generando el derecho del asegurado o beneficiario a recibir la indemnización acordada. Por ejemplo, un accidente de tráfico activaría un seguro de automóvil, mientras que una enfermedad grave activaría un seguro de salud.

2.1.3 Tipos de Seguros según el Objeto Asegurado

Existen múltiples tipos de seguros, clasificados según el riesgo que cubren y el tipo de protección que ofrecen. Entre los principales se encuentran:

1. **Seguros de Vida**: Diseñados para proteger a los beneficiarios del asegurado en caso de fallecimiento. Este tipo de seguro brinda una suma de dinero a los beneficiarios designados, ofreciendo seguridad financiera ante la pérdida del titular. Dentro de los seguros de vida existen modalidades como el seguro temporal, el seguro de vida entera y el seguro de vida universal, cada uno con características y objetivos específicos.

2. **Seguros de Salud**: Cubren los gastos médicos y hospitalarios en caso de enfermedad o accidente, permitiendo al asegurado recibir atención médica sin que los costos impacten gravemente en su economía personal. Algunos seguros de salud también incluyen beneficios adicionales, como consultas preventivas, programas de bienestar y acceso a especialistas.

3. **Seguros de Hogar**: Protegen la vivienda y sus contenidos contra daños causados por incendios, robos, desastres naturales u otros incidentes cubiertos en la póliza. Estos seguros son fundamentales para proteger el patrimonio y brindar seguridad a la familia.

4. **Seguros de Automóvil**: Cubre los daños causados por accidentes de tráfico, incluyendo daños al propio vehículo y, en algunos casos, a terceros. Algunos seguros de automóvil también cubren el robo del vehículo y los gastos médicos derivados de un accidente.

5. **Seguros de Responsabilidad Civil**: Estos seguros protegen al asegurado frente a reclamaciones o demandas de terceros por daños causados accidentalmente. Son comunes en profesiones como la medicina o la abogacía, donde un error o accidente podría dar lugar a grandes compensaciones.

6. **Seguros de Viaje**: Ofrecen cobertura durante viajes, protegiendo al asegurado contra eventos como la pérdida de equipaje, cancelación de vuelos, emergencias médicas en el extranjero y otros incidentes que puedan ocurrir mientras se está fuera del lugar de residencia habitual.

2.1.4 Principios Fundamentales de los Seguros

Los seguros se rigen por una serie de principios que aseguran su correcto funcionamiento y la equidad entre las partes involucradas:

1. **Principio de Buena Fe**: Tanto el asegurado como la aseguradora deben actuar con honestidad y transparencia. El asegurado debe revelar información veraz y completa en el momento de contratar el seguro, mientras que la aseguradora debe cumplir con las condiciones de cobertura pactadas.

2. **Principio de Indemnización**: Este principio establece que el propósito de un seguro es restablecer al asegurado a la situación económica que tenía antes del siniestro, sin permitirle obtener ganancias. Por ejemplo, en un seguro de hogar, la compañía indemnizará el valor de los bienes dañados, pero no pagará más de lo que se ha perdido.

3. **Principio de Subrogación**: Cuando la aseguradora paga una indemnización, adquiere el derecho de reclamar al causante del daño en nombre del asegurado. Este principio permite que las aseguradoras recuperen parte de los costos pagados.

4. **Principio de Contribución**: Si existen varias pólizas que cubren el mismo riesgo, cada aseguradora

contribuye proporcionalmente al pago de la indemnización, evitando así que el asegurado reciba una indemnización duplicada.

2.1.5 Beneficios de los Seguros

La importancia de los seguros radica en los múltiples beneficios que ofrecen a nivel personal, familiar y empresarial:

- **Protección contra pérdidas financieras**: Al transferir el riesgo a la aseguradora, el asegurado protege su patrimonio y estabilidad financiera ante eventos imprevistos.

- **Tranquilidad emocional**: La cobertura de un seguro brinda seguridad y paz mental, ya que el asegurado sabe que, en caso de un evento adverso, no enfrentará las consecuencias económicas por completo.

- **Acceso a servicios**: Los seguros de salud, por ejemplo, permiten acceder a atención médica de calidad, mientras que los seguros de automóvil brindan acceso a servicios de asistencia en carretera.

- **Estabilidad económica a largo plazo**: Al proteger el patrimonio de la familia o empresa, los seguros permiten una mejor planificación financiera y contribuyen a la estabilidad a largo plazo.

2.1.6 El Rol de los Seguros en la Sociedad

A nivel social y económico, los seguros cumplen un rol fundamental al promover una mayor seguridad en la vida cotidiana y en la actividad empresarial. Las aseguradoras contribuyen al desarrollo económico, ya que permiten que las personas y empresas asuman riesgos necesarios para el crecimiento, al mismo tiempo que proveen capital para la inversión en sectores clave de la economía. Además, en momentos de desastres naturales o crisis económicas, las aseguradoras juegan un papel esencial al indemnizar pérdidas y facilitar la recuperación de los individuos y empresas afectados.

2.2 Definición de Productos de Inversión

Los productos de inversión son herramientas financieras diseñadas para incrementar el patrimonio de los inversores a lo largo del tiempo. En lugar de guardar los ahorros en efectivo o en cuentas que no generan interés significativo, los productos de inversión permiten a los individuos y empresas colocar su dinero en instrumentos que ofrecen potencial de rentabilidad. El propósito de la inversión es hacer crecer el capital inicial, protegiéndolo al menos contra la inflación y, en muchos casos, alcanzando rendimientos superiores a los de las cuentas de ahorro convencionales.

2.2.1 ¿Qué es un Producto de Inversión?

Un producto de inversión es cualquier instrumento financiero que permite a los individuos o entidades destinar una cantidad de dinero con el fin de obtener rendimientos a corto, mediano o largo plazo. Estos productos abarcan una amplia gama de opciones, desde acciones y bonos hasta fondos de inversión y bienes raíces, cada uno con sus propias características, riesgos y expectativas de retorno.

A través de los productos de inversión, los ahorradores pueden acceder a diferentes mercados y aprovechar las oportunidades de crecimiento económico. Sin embargo, también asumen ciertos riesgos, ya que la inversión implica la posibilidad de obtener beneficios, pero también pérdidas. Cada tipo de producto de inversión está diseñado para cumplir objetivos específicos de rentabilidad y riesgo, y la elección depende de factores como el horizonte temporal del inversor, su tolerancia al riesgo y sus objetivos financieros.

2.2.2 Principales Tipos de Productos de Inversión

Existen diversos productos de inversión en el mercado, cada uno con características propias en términos de riesgo, liquidez y potencial de rentabilidad. Entre los más comunes se encuentran:

1. **Acciones**

   o **Descripción**: Las acciones representan una participación en la propiedad de una empresa. Al comprar acciones, el inversor se convierte en accionista y adquiere ciertos derechos, como participar en las decisiones de la empresa y recibir una parte de los beneficios (dividendos) si la empresa obtiene ganancias.

   o **Riesgos y Beneficios**: Las acciones ofrecen un alto potencial de rentabilidad, pero también son volátiles y pueden generar pérdidas. Su precio fluctúa constantemente según la oferta y demanda, así como las condiciones económicas y el rendimiento de la empresa.

   o **Horizonte de Inversión**: A menudo, las acciones son recomendadas para inversiones a mediano o largo plazo debido a su volatilidad en el corto plazo.

2. **Bonos**

   o **Descripción**: Un bono es una deuda emitida por una entidad (gobierno, empresa u otra institución) para financiar sus actividades. Al adquirir un bono, el inversor presta dinero a la entidad emisora a cambio de recibir pagos periódicos de intereses (cupón) y, al final del período, la devolución del capital inicial.

- o **Riesgos y Beneficios**: Los bonos suelen ser considerados menos riesgosos que las acciones, especialmente los emitidos por gobiernos de países con economías estables. Sin embargo, el riesgo puede variar según el tipo de bono; por ejemplo, los bonos corporativos tienen más riesgo que los bonos gubernamentales, pero suelen ofrecer mayores intereses.

- o **Horizonte de Inversión**: Los bonos son ideales para inversores que buscan ingresos estables y tienen un horizonte de inversión a mediano o largo plazo.

3. **Fondos de Inversión**

- o **Descripción**: Un fondo de inversión es un vehículo financiero que agrupa el dinero de varios inversores para invertir en una cartera diversificada de activos, como acciones, bonos y otros instrumentos financieros. Estos fondos son gestionados por profesionales y permiten a los inversores acceder a una cartera diversificada sin necesidad de gestionarla individualmente.

- ○ **Riesgos y Beneficios**: Los fondos de inversión permiten diversificar el riesgo, ya que el capital se distribuye entre diferentes activos. Sin embargo, el riesgo varía según el tipo de fondo: los fondos de renta fija suelen ser menos riesgosos que los fondos de renta variable (acciones).
- ○ **Horizonte de Inversión**: Los fondos de inversión pueden adaptarse a diversos horizontes de inversión, desde corto hasta largo plazo, dependiendo de su estrategia y composición.

4. **Bienes Raíces (Inversión Inmobiliaria)**

- ○ **Descripción**: La inversión en bienes raíces consiste en adquirir propiedades con el objetivo de obtener rentabilidad a través de su revalorización o el alquiler de las mismas.
- ○ **Riesgos y Beneficios**: Aunque suelen ser inversiones estables a largo plazo, los bienes raíces requieren una inversión inicial elevada y son menos líquidos (es decir, no se pueden vender rápidamente sin perder valor). Su rentabilidad depende de factores como la ubicación y el desarrollo del mercado inmobiliario.

- Horizonte de Inversión: Los bienes raíces son adecuados para inversores con un horizonte de inversión a largo plazo, ya que el tiempo es un factor importante en su apreciación.

5. Productos Derivados

- Descripción: Los derivados son instrumentos financieros cuyo valor se basa en el precio de otro activo, como acciones, bonos, materias primas o divisas. Ejemplos de productos derivados incluyen opciones, futuros y swaps.

- Riesgos y Beneficios: Los derivados pueden ser muy riesgosos debido a su complejidad y volatilidad. Sin embargo, ofrecen grandes oportunidades de rentabilidad y se usan comúnmente para especulación o cobertura de riesgos en carteras de inversión.

- Horizonte de Inversión: Pueden adaptarse a diversos horizontes de inversión, aunque se utilizan principalmente en estrategias de corto plazo y requieren conocimientos avanzados.

6. Planes de Jubilación o Fondos de Pensiones

- Descripción: Estos productos están diseñados para acumular ahorros destinados a la jubilación. Suelen invertir en una mezcla de activos (renta fija, renta variable, etc.) que permite a los inversores acumular capital a largo plazo.

- ○ **Riesgos y Beneficios**: Los planes de pensiones permiten optimizar los ahorros para la jubilación mediante beneficios fiscales. Los riesgos varían según la composición del fondo y su estrategia.

- ○ **Horizonte de Inversión**: Ideal para inversores con un horizonte de inversión a largo plazo, ya que su objetivo principal es acumular capital de manera sostenida para el retiro.

2.2.3 Principios Fundamentales de Inversión

Existen algunos principios clave que ayudan a los inversores a comprender y aprovechar mejor los productos de inversión:

1. **Riesgo y Retorno**: La relación entre el riesgo y el retorno es un principio básico en la inversión. Generalmente, los activos que ofrecen mayores retornos potenciales también implican mayores riesgos. Es fundamental que los inversores identifiquen su tolerancia al riesgo y seleccionen productos de inversión en función de esta.

2. **Diversificación**: La diversificación consiste en distribuir el capital entre diferentes tipos de productos de inversión para reducir el riesgo total. Una cartera

diversificada puede incluir una combinación de acciones, bonos, bienes raíces y otros instrumentos que no estén correlacionados, de modo que la pérdida en uno de ellos pueda compensarse con las ganancias de otro.

3. **Horizonte Temporal**: El horizonte temporal es el período durante el cual el inversor planea mantener su inversión. Los inversores deben alinear su horizonte temporal con el tipo de producto de inversión elegido, ya que ciertos productos pueden no ser adecuados para objetivos de corto plazo debido a su volatilidad.

4. **Liquidez**: La liquidez se refiere a la facilidad con la que un activo se puede convertir en efectivo sin perder valor. Algunos productos, como los fondos de inversión, son altamente líquidos, mientras que otros, como los bienes raíces, tienen una liquidez limitada.

5. **Inflación**: La inflación afecta el poder adquisitivo del dinero a lo largo del tiempo. Invertir en productos que generen un rendimiento superior a la inflación es fundamental para preservar el valor real del patrimonio y evitar la pérdida de poder adquisitivo.

2.2.4 Importancia de los Productos de Inversión

Los productos de inversión son fundamentales para la construcción de riqueza y el logro de objetivos financieros personales y empresariales. A diferencia del ahorro tradicional, que pierde valor con el tiempo debido a la inflación, los productos de inversión permiten multiplicar el capital y enfrentar con éxito los desafíos financieros. Invertir permite financiar proyectos personales y empresariales, contribuir al desarrollo de la economía y asegurar una jubilación tranquila. Además, la inversión fomenta una cultura de planificación y proactividad que es clave para el bienestar financiero a largo plazo.

2.3 Diferencias entre Seguros e Inversiones

Es común que las personas confundan los seguros y los productos de inversión o que consideren que cumplen una función similar en la planificación financiera. Sin embargo, ambos cumplen propósitos distintos y tienen características propias que los hacen adecuados para objetivos financieros específicos. Esta sección explora las diferencias fundamentales entre seguros e inversiones para ayudar a los lectores a comprender cuándo y cómo utilizar cada uno en su estrategia de gestión patrimonial.

2.3.1 Objetivo Principal

- **Seguros**: El objetivo principal de los seguros es **proteger** al asegurado y a sus beneficiarios contra pérdidas económicas derivadas de eventos inesperados, como enfermedades, accidentes, desastres naturales o fallecimiento. Los seguros son una herramienta de **gestión de riesgos** que brinda estabilidad financiera en momentos difíciles. Al contratar un seguro, el individuo transfiere el riesgo a la compañía aseguradora, que se compromete a indemnizarlo en caso de ocurrir el evento cubierto.

- **Inversiones**: En cambio, el objetivo de las inversiones es **hacer crecer el capital** a lo largo del tiempo, generando rendimientos que pueden ser utilizados para alcanzar metas financieras futuras, como la compra de una casa, la educación de los hijos o la jubilación. Las inversiones son instrumentos de **creación de patrimonio** y están diseñadas para generar beneficios en función del rendimiento de los mercados y la revalorización de los activos.

2.3.2 Naturaleza del Producto

- **Seguros**: Los seguros son productos de protección, que operan mediante el pago de primas periódicas para cubrir riesgos específicos. Aunque algunos tipos de seguros incluyen una componente de ahorro o inversión (como los seguros de vida con valor en efectivo), en su esencia, los seguros están diseñados para brindar protección en lugar de generar retornos sobre el capital.

- **Inversiones**: Los productos de inversión son activos financieros cuya función es generar ganancias a través de la valorización y el rendimiento. Los inversores compran instrumentos financieros, como acciones, bonos o bienes raíces, con el objetivo de aumentar su valor en el tiempo, aunque esto conlleva un nivel de riesgo y de fluctuación en su valor.

2.3.3 Relación entre Riesgo y Rentabilidad

- **Seguros**: Los seguros están estructurados para **minimizar el riesgo** para el asegurado, ya que la aseguradora asume la responsabilidad económica en caso de que se presente el siniestro. Los seguros ofrecen **seguridad y previsibilidad**, garantizando que, en caso de un evento cubierto, el asegurado recibirá la indemnización acordada. A cambio, el asegurado renuncia a cualquier oportunidad de obtener beneficios financieros adicionales a partir del pago de sus primas.

- **Inversiones**: En las inversiones, existe una relación directa entre **riesgo y rentabilidad**. Los productos de inversión pueden ofrecer altos rendimientos, pero el capital está expuesto a riesgos de pérdida, y no existe garantía de retorno. Los inversores deben asumir riesgos proporcionales a las ganancias potenciales que desean obtener, lo que significa que las inversiones pueden resultar en pérdidas si el mercado o el activo en cuestión no se comporta como se esperaba.

2.3.4 Horizonte Temporal

- **Seguros**: Los seguros suelen estar vinculados a eventos imprevistos y tienen un horizonte de tiempo **indeterminado**. La protección comienza tan pronto como se adquiere la póliza y se paga la prima, y en algunos casos se extiende de forma indefinida, siempre que se mantengan los pagos de las primas. En el caso de seguros de vida, el horizonte puede ser de largo plazo, cubriendo al asegurado hasta el final de su vida o hasta un plazo previamente definido.

- **Inversiones**: Las inversiones suelen tener un horizonte de tiempo **definido**, que puede variar desde el corto (por ejemplo, inversiones en el mercado de valores con alta liquidez) hasta el largo plazo (inversiones en bienes raíces o fondos de pensiones). Los inversores eligen el horizonte de inversión en función de sus metas financieras y la tolerancia al riesgo; sin embargo, el crecimiento y rendimiento de las inversiones generalmente mejora en plazos largos.

2.3.5 Liquidez

- **Seguros**: La **liquidez de los seguros** es limitada, ya que generalmente no se espera que el asegurado reciba un beneficio inmediato. En la mayoría de los casos, el asegurado solo recibe una indemnización si ocurre el siniestro, y algunos seguros de vida con componente de ahorro permiten un acceso limitado al valor en efectivo acumulado. Sin embargo, cancelar una póliza antes del tiempo establecido puede resultar en la pérdida de beneficios y, en algunos casos, penalizaciones.

- **Inversiones**: Los productos de inversión ofrecen distintos niveles de **liquidez**, según el tipo de activo y la estrategia de inversión. Algunos activos, como las acciones, son altamente líquidos y pueden venderse rápidamente en el mercado, mientras que otros, como los bienes raíces, tienen menor liquidez y requieren más tiempo para convertirse en efectivo. La liquidez es una consideración clave para los inversores, especialmente aquellos que puedan necesitar acceso rápido a su capital.

2.3.6 Beneficio Fiscal

- **Seguros**: Muchos seguros, especialmente los seguros de vida y los planes de jubilación, ofrecen **beneficios fiscales** en varios países. Estos productos pueden estar exentos de ciertos impuestos o permitir deducciones fiscales para los asegurados. Estos beneficios son una ventaja adicional que motiva a las personas a asegurar su vida, salud o patrimonio. Sin embargo, la normativa fiscal varía según el país y debe revisarse con un asesor fiscal para maximizar los beneficios.

- **Inversiones**: Las inversiones también pueden ofrecer incentivos fiscales, como exenciones para cuentas de ahorro a largo plazo o planes de pensión, pero en general los beneficios fiscales son menos comunes y suelen aplicarse bajo condiciones específicas. Los inversores pueden estar sujetos a impuestos sobre las ganancias de capital y los dividendos, aunque existen estrategias legales, como las cuentas de inversión para el retiro, que pueden minimizar o diferir la carga fiscal.

2.3.7 Ejemplos Comparativos

- **Seguro de Vida vs. Fondo de Inversión a Largo Plazo**:

  - Un seguro de vida ofrece cobertura en caso de fallecimiento, garantizando una suma asegurada para los beneficiarios. En este caso, el objetivo es proteger financieramente a la familia del asegurado.

  - Un fondo de inversión a largo plazo, en cambio, se utiliza para crear patrimonio para objetivos futuros, como la jubilación o la compra de una vivienda. Los fondos de inversión no protegen al titular de eventos inesperados, pero pueden generar un rendimiento sobre el capital.

- **Seguro de Salud vs. Inversión en Bienes Raíces**:

  - El seguro de salud cubre gastos médicos y hospitalarios en caso de enfermedad o accidente. Su función es reducir el impacto financiero de los costos de salud, no generar beneficios económicos.

  - Invertir en bienes raíces puede proporcionar ingresos pasivos a través de alquileres o la revalorización del activo. Aunque ambos productos implican una contribución monetaria, solo el activo inmobiliario puede valorizarse y generar ingresos adicionales, mientras que el seguro de salud se limita a la protección del asegurado.

2.3.8 ¿Cuándo Utilizar Seguros y Cuándo Invertir?

Una estrategia financiera integral incluye tanto **seguros como inversiones**, ya que ambos cumplen roles complementarios. A continuación, se presentan algunas situaciones comunes que ilustran cuándo puede ser adecuado priorizar uno u otro:

- **Protección de Patrimonio y Carga Familiar**: Para aquellos con dependientes económicos, la contratación de seguros de vida y salud es fundamental, ya que asegura la estabilidad económica de los seres queridos en caso de eventos imprevistos. Estos seguros brindan tranquilidad al saber que, en caso de ausencia del titular, los beneficiarios contarán con respaldo económico.

- **Objetivos de Crecimiento Financiero y Jubilación**: Si el objetivo es crecer el patrimonio para metas a largo plazo, como la jubilación o el financiamiento de la educación universitaria de los hijos, los productos de inversión son adecuados, ya que permiten aprovechar el poder del interés compuesto y la apreciación de los activos.

- **Construcción de un Fondo de Emergencia**: Aunque los seguros protegen ante situaciones imprevistas, es ideal tener un fondo de emergencia en efectivo o en productos de inversión de alta liquidez, como fondos del mercado monetario, para cubrir gastos urgentes.

2.3.9 La Importancia de la Asesoría Financiera

Dado que los seguros y las inversiones presentan diferencias importantes y cumplen funciones distintas, contar con la guía de un asesor financiero resulta esencial para elegir el producto adecuado en función de los objetivos, situación familiar y tolerancia al riesgo del individuo. Un asesor puede ayudar a integrar ambos tipos de productos en una cartera equilibrada que brinde seguridad y potencial de crecimiento.

3.1 Seguros de Vida

Los seguros de vida son contratos entre el asegurado y la compañía aseguradora que brindan protección financiera a los beneficiarios designados en caso de fallecimiento del asegurado. Este tipo de seguro es fundamental en la planificación financiera, ya que permite proteger a los seres queridos del asegurado, asegurando su estabilidad económica y cubriendo sus necesidades básicas cuando él ya no esté. A lo largo de los años, los seguros de vida han evolucionado para adaptarse a diferentes perfiles y objetivos, ofreciendo opciones que combinan protección, ahorro e incluso inversión.

3.1.1 ¿Qué es un Seguro de Vida?

Un seguro de vida es un contrato que garantiza el pago de una suma de dinero (conocida como suma asegurada) a los beneficiarios del asegurado en caso de que este fallezca. A cambio, el asegurado debe pagar una prima periódica (mensual, trimestral o anual). Este producto es una herramienta clave de protección patrimonial que permite que la familia o los dependientes del asegurado cuenten con recursos para cubrir gastos inmediatos, como deudas, gastos funerarios y el costo de vida a mediano y largo plazo.

El seguro de vida es un componente fundamental de la planificación financiera, pues permite que el asegurado tenga la tranquilidad de que su familia y seres queridos recibirán apoyo financiero en caso de fallecimiento. Este tipo de seguro puede contratarse en diferentes modalidades que se adaptan a las necesidades específicas del asegurado.

3.1.2 Principales Tipos de Seguro de Vida

Existen varios tipos de seguro de vida, cada uno diseñado para cumplir diferentes objetivos y ajustarse a distintos perfiles de asegurados. A continuación, se presentan los tipos más comunes:

1. **Seguro de Vida Temporal**
   - **Descripción**: Este tipo de seguro proporciona cobertura durante un período específico, como 10, 20 o 30 años. Si el asegurado fallece durante este período, la aseguradora paga la suma asegurada a los beneficiarios. Si el asegurado sobrevive al término de la póliza, la cobertura finaliza y no se recibe ningún beneficio adicional.
   - **Ventajas**: Las primas de los seguros temporales suelen ser más bajas que las de otros tipos de seguro de vida, lo que los convierte en una opción accesible para personas jóvenes o con ingresos limitados.
   - **Desventajas**: Al finalizar el plazo de cobertura, el asegurado deja de estar protegido y no recibe reembolso alguno, a menos que el contrato incluya una cláusula de renovación o transformación en otro tipo de seguro.

- **Aplicaciones comunes**: Ideal para quienes buscan protección temporal, por ejemplo, para cubrir el tiempo en el que se tienen hijos pequeños o para cubrir deudas específicas, como una hipoteca.

2. **Seguro de Vida Entera (Seguro Permanente)**

- **Descripción**: Este tipo de seguro ofrece cobertura de por vida, es decir, mientras el asegurado continúe pagando las primas, la cobertura estará vigente. Además, estos seguros suelen incluir una cuenta de valor en efectivo, la cual acumula una parte de las primas pagadas y genera rendimientos, lo que permite al asegurado acceder a una suma en efectivo en caso de emergencia.

- **Ventajas**: Proporciona cobertura de por vida y acumula un valor en efectivo que el asegurado puede utilizar en vida, ya sea como préstamo o como parte de su planificación patrimonial.

- **Desventajas**: Las primas son más elevadas en comparación con las de un seguro temporal, ya que una parte de ellas se destina a construir el valor en efectivo y a la cobertura de toda la vida.

- **Aplicaciones comunes**: Apropiado para quienes buscan una protección permanente y están interesados en acumular un ahorro que puedan utilizar en el futuro.

3. **Seguro de Vida Universal**

   ○ **Descripción**: Este tipo de seguro combina la cobertura de por vida con una componente de ahorro o inversión. El seguro de vida universal permite flexibilidad en el pago de las primas y la suma asegurada, ya que el asegurado puede ajustar el monto que desea pagar en cada período, siempre que cubra los costos mínimos de la póliza.

   ○ **Ventajas**: Flexibilidad en los pagos y posibilidad de ajustar la cobertura. Además, el valor en efectivo acumulado puede crecer con el tiempo y estar disponible para el asegurado en vida.

   ○ **Desventajas**: Las primas pueden ser más altas y, si los rendimientos de la cuenta de ahorro son bajos, el asegurado podría tener que pagar primas adicionales para mantener la cobertura.

   ○ **Aplicaciones comunes**: Recomendado para personas que buscan una combinación de protección, flexibilidad y acumulación de valor en efectivo.

4. **Seguro de Vida Variable**

- ○ **Descripción**: Este tipo de seguro permite al asegurado invertir el valor en efectivo en una variedad de activos, como acciones y bonos, con la expectativa de obtener un mayor rendimiento. En función de la rentabilidad de las inversiones elegidas, el valor en efectivo y la suma asegurada pueden variar.
- ○ **Ventajas**: Potencial de mayores rendimientos en comparación con otros seguros de vida, y acumulación de valor en efectivo que puede utilizarse para financiar necesidades en el futuro.
- ○ **Desventajas**: Este tipo de seguro conlleva un mayor riesgo, ya que el valor de la póliza está sujeto a las fluctuaciones del mercado. Si las inversiones no rinden bien, el valor en efectivo podría reducirse.
- ○ **Aplicaciones comunes**: Atractivo para asegurados con una tolerancia alta al riesgo y conocimiento del mercado de inversiones.

5. **Seguro de Vida con Valor en Efectivo (Endowment)**
   - ○ **Descripción**: Este seguro de vida combina una cobertura por fallecimiento con una componente de ahorro que se acumula en un período fijo. Si el asegurado fallece durante el plazo del seguro,

los beneficiarios reciben la suma asegurada. Si el asegurado sobrevive al término del contrato, recibe el valor en efectivo acumulado.

- ○ **Ventajas**: Proporciona tanto protección como una acumulación de ahorro que el asegurado puede utilizar para objetivos específicos en el futuro.

- ○ **Desventajas**: Las primas suelen ser más altas, y el rendimiento de la acumulación puede no ser tan elevado como el de productos de inversión puros.

- ○ **Aplicaciones comunes**: Adecuado para quienes desean tanto una protección como un ahorro garantizado a una fecha determinada, como la jubilación.

3.1.3 Componentes Clave del Seguro de Vida

Los seguros de vida constan de varios componentes esenciales que determinan su funcionamiento y valor para el asegurado y los beneficiarios. A continuación se presentan los más importantes:

- **Prima**: Es el monto que el asegurado paga a la aseguradora para mantener vigente la póliza. Las primas pueden ser fijas o ajustables, y su valor depende de factores como el tipo de seguro, la suma asegurada y el perfil de riesgo del asegurado.

- **Suma Asegurada**: Es la cantidad de dinero que la aseguradora pagará a los beneficiarios en caso de fallecimiento del asegurado. Esta suma puede ser fija o ajustable en algunos tipos de seguros de vida, como los seguros de vida universal.

- **Valor en Efectivo**: Algunos seguros de vida acumulan un valor en efectivo a lo largo del tiempo, que el asegurado puede utilizar como ahorro, préstamo o rescatar en efectivo en caso de necesidad. Este componente es especialmente relevante en los seguros de vida entera, universal y variable.

- **Beneficiarios**: Son las personas designadas por el asegurado para recibir la suma asegurada en caso de su fallecimiento. El asegurado puede designar uno o varios beneficiarios, así como especificar los porcentajes de distribución entre ellos.

3.1.4 Ventajas de los Seguros de Vida

Los seguros de vida ofrecen múltiples beneficios tanto para el asegurado como para sus beneficiarios:

1. **Protección Financiera**: En caso de fallecimiento del asegurado, los beneficiarios reciben un respaldo

financiero que les permite cubrir sus necesidades básicas y mantener su calidad de vida.

2. **Estabilidad y Seguridad**: El seguro de vida brinda tranquilidad al asegurado, al saber que su familia estará protegida económicamente en caso de su ausencia.

3. **Acumulación de Ahorro o Valor en Efectivo**: En algunos tipos de seguros, el valor en efectivo puede utilizarse para proyectos específicos, como la educación de los hijos o la jubilación.

4. **Beneficios Fiscales**: En muchos países, los seguros de vida cuentan con beneficios fiscales, como exenciones o deducciones en el impuesto sobre la renta, lo que incentiva a los individuos a adquirir estos productos.

3.1.5 ¿Cuándo es Recomendada la Contratación de un Seguro de Vida?

Los seguros de vida son especialmente recomendados para individuos en ciertas circunstancias:

- **Personas con Dependientes Económicos**: Aquellos que tienen familiares dependientes, como hijos menores, cónyuge o padres mayores, deberían considerar un seguro de vida para asegurar el bienestar financiero de sus seres queridos.

- **Personas con Deudas Significativas**: Un seguro de vida ayuda a que las deudas, como hipotecas o préstamos, no recaigan en la familia en caso de fallecimiento.

- **Personas que Desean Crear un Ahorro a Largo Plazo**: Algunos seguros permiten acumular un ahorro que puede usarse para la jubilación o para cubrir gastos futuros.

3.2 Seguros de Salud

Los seguros de salud son productos diseñados para cubrir los gastos médicos y hospitalarios que puedan surgir por enfermedades, accidentes o condiciones preexistentes del asegurado. Estos seguros son fundamentales en la planificación de la atención sanitaria, ya que proporcionan acceso a servicios médicos y protegen al asegurado de la carga financiera que puede derivarse de los costos de atención médica.

3.2.1 ¿Qué es un Seguro de Salud?

Un seguro de salud es un contrato entre el asegurado y una compañía aseguradora que garantiza el pago de los gastos médicos en caso de enfermedad o accidente. Este tipo de seguro puede incluir una amplia gama de servicios, desde consultas médicas y hospitalización hasta tratamientos especializados y cirugías. Dependiendo del plan, los seguros de salud pueden ofrecer acceso a una red de proveedores de servicios médicos, lo que facilita la elección de médicos y hospitales.

3.2.2 Tipos de Seguros de Salud

Existen varios tipos de seguros de salud, cada uno con características y beneficios distintos. A continuación, se describen los tipos más comunes:

1. **Seguro de Salud Individual**
   - **Descripción**: Este tipo de seguro se contrata para un solo individuo y proporciona cobertura para sus gastos médicos. Es ideal para personas solteras, autónomos o aquellas que no reciben cobertura de un empleador.
   - **Ventajas**: Permite una personalización más ajustada a las necesidades del asegurado y suele ofrecer una mayor variedad de opciones de cobertura.
   - **Desventajas**: Las primas pueden ser más altas en comparación con los seguros familiares, y la disponibilidad de ciertas coberturas puede

depender de la edad y el estado de salud del asegurado.

- o **Aplicaciones comunes**: Recomendado para adultos jóvenes y personas que buscan una cobertura médica independiente.

2. Seguro de Salud Familiar

- o **Descripción**: Este seguro cubre a múltiples miembros de una misma familia bajo una sola póliza. Proporciona un paquete de beneficios que incluye atención médica para todos los asegurados, lo que puede resultar en un ahorro en comparación con la contratación de seguros individuales.
- o **Ventajas**: Economiza en primas al incluir a varios miembros y permite una gestión más sencilla de las pólizas y los pagos.
- o **Desventajas**: Puede limitar el acceso a ciertos tratamientos para algunos miembros de la familia, dependiendo de los términos del plan.
- o **Aplicaciones comunes**: Ideal para familias con niños o varias personas dependientes que necesitan atención médica.

3. Seguro de Salud Colectivo

- o **Descripción**: Este tipo de seguro es proporcionado por un empleador a sus empleados como parte de un paquete de beneficios laborales. Generalmente, los costos se comparten entre el empleador y los empleados, lo que puede hacer que las primas sean más accesibles.

- **Ventajas**: Las primas suelen ser más bajas debido al riesgo compartido entre los miembros del grupo, y a menudo no se requiere examen médico para obtener la cobertura.
- **Desventajas**: La cobertura puede ser limitada en comparación con los seguros individuales y puede variar dependiendo de la política del empleador.
- **Aplicaciones comunes**: Recomendado para empleados que buscan cobertura médica a través de su lugar de trabajo.

4. **Seguro de Salud de Gastos Reembolsables**

- **Descripción**: Este tipo de seguro permite al asegurado elegir libremente los proveedores de servicios médicos y pagar los gastos iniciales. Posteriormente, el asegurado puede presentar un reclamo a la aseguradora para que le reembolse una parte de los costos incurridos.

- Ventajas: Ofrece flexibilidad en la elección de médicos y tratamientos y permite al asegurado buscar atención en cualquier lugar.
- Desventajas: Requiere que el asegurado tenga la capacidad de cubrir los costos inicialmente, lo que puede ser un inconveniente en situaciones de emergencia.
- Aplicaciones comunes: Útil para quienes prefieren tener control sobre sus elecciones médicas y no desean estar limitados a una red de proveedores.

5. **Seguro de Salud Prepagado**

- Descripción: Este seguro cubre los gastos médicos a través de un pago anticipado, donde el asegurado paga una prima mensual a cambio de atención médica garantizada. A menudo, incluye servicios como consultas, hospitalización y medicamentos.
- Ventajas: Facilita el acceso a atención médica sin necesidad de preocuparse por pagos adicionales en el momento de recibir servicios.
- Desventajas: Los planes prepagados pueden tener restricciones sobre la elección de médicos y hospitales, y a menudo tienen un conjunto específico de servicios cubiertos.

- Aplicaciones comunes: Adecuado para personas que desean un acceso fácil y rápido a atención médica sin complicaciones de reembolso.

6. **Seguro de Salud Complementario**

  - **Descripción**: Este seguro se utiliza para complementar otros seguros de salud, cubriendo gastos que no están incluidos en la póliza principal, como copagos, deducibles y tratamientos alternativos.

  - **Ventajas**: Ayuda a reducir los costos de atención médica que deben pagar los asegurados y proporciona una mayor cobertura.

  - **Desventajas**: Puede implicar pagos adicionales, y no es una solución independiente para cubrir gastos médicos.

  - **Aplicaciones comunes**: Ideal para quienes tienen un seguro de salud básico y desean una protección adicional.

3.2.3 Componentes Clave del Seguro de Salud

Los seguros de salud incluyen varios componentes que son esenciales para comprender su funcionamiento y beneficios:

- **Prima**: Es la cantidad que el asegurado debe pagar regularmente para mantener vigente la póliza. Las primas pueden variar según el tipo de plan, la cobertura y el estado de salud del asegurado.

- **Deducible**: Es la cantidad que el asegurado debe pagar de su bolsillo antes de que la aseguradora comience a cubrir los gastos médicos. Un deducible más alto generalmente significa primas más bajas y viceversa.

- **Copago**: Es un pago fijo que el asegurado debe hacer en el momento de recibir ciertos servicios médicos, como consultas o medicamentos. El copago puede variar según el tipo de servicio.

- **Red de Proveedores**: Muchas pólizas de seguros de salud tienen una red de médicos, hospitales y clínicas que el asegurado debe utilizar para recibir la cobertura completa. Utilizar proveedores fuera de esta red puede resultar en costos más altos o la falta de cobertura.

- **Cobertura**: Se refiere a los servicios y tratamientos que la póliza de seguro incluye. Es fundamental leer los términos de la póliza para comprender qué servicios están cubiertos y cuáles no.

3.2.4 Ventajas de los Seguros de Salud

Los seguros de salud ofrecen múltiples beneficios para los asegurados:

1. **Protección Financiera**: Proporciona seguridad económica frente a gastos médicos inesperados, que pueden ser muy elevados.
2. **Acceso a Atención Médica**: Permite a los asegurados acceder a servicios médicos de calidad sin preocupaciones financieras inmediatas.
3. **Prevención y Bienestar**: Muchos seguros de salud cubren servicios preventivos, como chequeos anuales y vacunaciones, lo que fomenta la atención proactiva de la salud.
4. **Tranquilidad**: Ofrece paz mental al asegurado, sabiendo que tiene apoyo financiero para cubrir gastos médicos.

3.2.5 ¿Cuándo es Recomendada la Contratación de un Seguro de Salud?

Los seguros de salud son particularmente recomendados en las siguientes situaciones:

- **Personas con Enfermedades Crónicas**: Aquellos que requieren atención médica regular y medicamentos deben considerar un seguro que cubra sus necesidades a largo plazo.

- **Familias con Hijos**: La atención médica para niños puede ser costosa, y un seguro de salud ayuda a cubrir consultas pediátricas y vacunaciones.

- **Trabajadores Autónomos o Freelancers**: Las personas que no tienen acceso a seguros de salud a través de un empleador deben considerar adquirir un seguro individual para proteger su salud y bienestar financiero.

- **Personas que Buscan Tranquilidad Financiera**: Cualquiera que desee evitar el riesgo financiero de gastos médicos inesperados debe considerar un seguro de salud.

3.3 Seguros de Hogar

Los seguros de hogar son productos diseñados para proteger la propiedad y el contenido de una vivienda frente a diversos riesgos. Este tipo de seguro es fundamental para los propietarios e inquilinos, ya que brinda una red de seguridad financiera en caso de pérdidas o daños, asegurando que el hogar y los bienes dentro de él estén resguardados frente a eventualidades imprevistas.

3.3.1 ¿Qué es un Seguro de Hogar?

Un seguro de hogar es un contrato entre el propietario o inquilino de una vivienda y una compañía aseguradora, mediante el cual se garantiza la protección de la vivienda y sus pertenencias frente a ciertos riesgos, como incendios, robos, desastres naturales y daños accidentales. Este seguro puede cubrir tanto la estructura de la vivienda como los bienes personales que se encuentran en su interior.

3.3.2 Tipos de Seguros de Hogar

Existen diferentes tipos de seguros de hogar, cada uno con características y coberturas específicas que se adaptan a las necesidades de los asegurados. A continuación, se describen los más comunes:

1. **Seguro de Hogar para Propietarios**
   - **Descripción**: Este seguro está diseñado para propietarios de viviendas y cubre la estructura de la casa, así como sus contenidos. Suele incluir protección contra riesgos como incendios, robos y daños por desastres naturales.
   - **Ventajas**: Proporciona cobertura integral para la propiedad y los bienes personales, garantizando la reparación o reemplazo de los mismos en caso de siniestro.

- o **Desventajas**: Puede ser costoso, dependiendo del valor de la vivienda y la cantidad de cobertura seleccionada.
- o **Aplicaciones comunes**: Recomendado para quienes poseen su vivienda y desean proteger su inversión a largo plazo.

2. **Seguro de Hogar para Inquilinos**
- o **Descripción**: Este tipo de seguro está destinado a inquilinos que quieren proteger sus pertenencias personales dentro de una vivienda alquilada. No cubre la estructura de la vivienda, que generalmente está protegida por el propietario.
- o **Ventajas**: Es más económico que el seguro para propietarios y permite al inquilino proteger sus bienes contra robos y daños.
- o **Desventajas**: No cubre daños estructurales ni responsabilidad civil relacionada con el inmueble.
- o **Aplicaciones comunes**: Ideal para personas que alquilan su vivienda y buscan proteger su propiedad personal.

3. **Seguro de Hogar Multirriesgo**
- o **Descripción**: Este seguro combina diversas coberturas en una sola póliza, incluyendo daños a la vivienda, robo, responsabilidad civil y, en

algunos casos, asistencia en el hogar. Es un seguro integral que ofrece protección ante múltiples riesgos.

- o **Ventajas**: Proporciona una solución completa en una sola póliza, simplificando la gestión de seguros y generalmente a un costo más efectivo que contratar coberturas por separado.
- o **Desventajas**: Puede incluir coberturas que el asegurado no necesite, lo que puede elevar el costo total de la póliza.
- o **Aplicaciones comunes**: Adecuado para propietarios e inquilinos que buscan una cobertura amplia y simplificada.

4. **Seguro de Hogar Específico**

- o **Descripción**: Este tipo de seguro se centra en un riesgo particular o en la protección de ciertos bienes, como joyas, obras de arte o colecciones valiosas. Es útil para quienes tienen artículos de alto valor que necesitan protección adicional.
- o **Ventajas**: Proporciona una cobertura específica que puede no estar incluida en un seguro de hogar estándar, asegurando que los bienes de valor estén protegidos adecuadamente.

- o **Desventajas**: Puede requerir una evaluación y un costo adicional, dependiendo del valor de los bienes asegurados.
- o **Aplicaciones comunes**: Ideal para coleccionistas o personas con artículos de alto valor que necesitan protección específica.

5. **Seguro de Responsabilidad Civil del Hogar**

- o **Descripción**: Este seguro cubre la responsabilidad legal del asegurado en caso de que un tercero sufra daños en la propiedad asegurada o a causa de la misma. Esto incluye daños personales y a la propiedad de terceros.
- o **Ventajas**: Ofrece tranquilidad al proteger al asegurado de reclamaciones y gastos legales en caso de accidentes o lesiones que ocurran en su hogar.
- o **Desventajas**: No cubre los daños a la propiedad del asegurado ni a los bienes dentro de la vivienda.
- o **Aplicaciones comunes**: Recomendado para propietarios e inquilinos que desean protegerse contra posibles demandas o reclamaciones de terceros.

3.3.3 Componentes Clave del Seguro de Hogar

Los seguros de hogar suelen incluir varios componentes esenciales que es importante comprender:

- **Prima**: Es el costo del seguro, que se paga de manera regular (mensual, trimestral o anual) para mantener la póliza activa. La prima puede variar según el valor de la propiedad, la ubicación y el nivel de cobertura seleccionado.

- **Deducible**: Es la cantidad que el asegurado debe pagar de su propio bolsillo antes de que la aseguradora cubra los costos de un reclamo. Un deducible más alto generalmente se traduce en primas más bajas.

- **Cobertura de la Estructura**: Esta parte del seguro protege la casa en sí, cubriendo los costos de reparación o reconstrucción en caso de daños debido a eventos cubiertos.

- **Cobertura de Bienes Personales**: Protege el contenido dentro del hogar, incluyendo muebles, ropa, electrodomésticos y otros artículos personales.

- **Cobertura de Responsabilidad Civil**: Cubre los gastos relacionados con reclamaciones de terceros por daños o lesiones que ocurran en la propiedad asegurada.

- **Cobertura de Gastos Adicionales de Vida**: En caso de que la vivienda se vuelva inhabitable debido a un siniestro cubierto, esta cobertura ayuda a cubrir los gastos de alojamiento temporal y otros costos relacionados.

3.3.4 Ventajas de los Seguros de Hogar

Los seguros de hogar ofrecen numerosas ventajas, entre las que se incluyen:

1. **Protección Financiera**: Garantiza que los costos de reparación y reemplazo de la vivienda y los bienes personales no recaigan totalmente sobre el asegurado en caso de un siniestro.

2. **Tranquilidad**: Proporciona una sensación de seguridad al saber que se cuenta con respaldo financiero ante eventos imprevistos que pueden afectar la vivienda.

3. **Acceso a Asistencia**: Muchas pólizas incluyen servicios de asistencia, como reparaciones de emergencia en el hogar o asesoramiento legal, lo que puede ser de gran utilidad en situaciones de crisis.

4. **Facilidad en la Gestión de Reclamos**: En caso de daños, contar con un seguro de hogar permite gestionar el proceso de reclamos de manera más sencilla y rápida.

La contratación de un seguro de hogar es especialmente recomendable en las siguientes situaciones:

- **Propietarios de Viviendas**: Aquellos que poseen su hogar y desean proteger su inversión y los bienes dentro de ella.

- **Inquilinos**: Personas que alquilan una vivienda y desean proteger sus pertenencias personales contra robos o daños.

- **Zonas con Riesgo**: Residentes en áreas propensas a desastres naturales (inundaciones, terremotos, huracanes) que desean asegurar su hogar y pertenencias.

- **Propietarios de Artículos Valiosos**: Personas que poseen bienes de alto valor, como obras de arte, joyas o colecciones, y que necesitan protección específica.

- **Familias**: Hogares con niños o ancianos que pueden beneficiarse de la cobertura de responsabilidad civil en caso de accidentes.

3.4 Seguros de Automóvil

Los seguros de automóvil son productos diseñados para ofrecer protección financiera ante daños y responsabilidades que pueden surgir como resultado de accidentes automovilísticos. Este tipo de seguro es esencial para los conductores, ya que proporciona una red de seguridad frente a gastos inesperados relacionados con la reparación de vehículos, lesiones y daños a terceros.

3.4.1 ¿Qué es un Seguro de Automóvil?

Un seguro de automóvil es un contrato entre el propietario de un vehículo y una compañía aseguradora que cubre los costos derivados de accidentes automovilísticos, robos, vandalismo y otros riesgos relacionados con la operación de un vehículo. Dependiendo del tipo de póliza, puede incluir cobertura para daños a la propiedad del asegurado, responsabilidad civil, gastos médicos y más.

3.4.2 Tipos de Seguros de Automóvil

Los seguros de automóvil pueden clasificarse en diferentes tipos según el nivel de cobertura que ofrecen. A continuación, se describen las modalidades más comunes:

1. **Seguro de Responsabilidad Civil**
   - **Descripción**: Este seguro cubre los daños que el asegurado cause a terceros en caso de un accidente. Es obligatorio en la mayoría de los

países y protege al conductor contra reclamaciones por lesiones personales o daños a la propiedad de otros.

- ○ **Ventajas**: Brinda protección legal ante reclamaciones de terceros, asegurando que el asegurado no deba pagar de su bolsillo por daños que cause.

- ○ **Desventajas**: No cubre los daños al propio vehículo del asegurado ni las lesiones personales del conductor.

- ○ **Aplicaciones comunes**: Recomendado para todos los conductores, ya que es un requisito legal en la mayoría de las jurisdicciones.

2. **Seguro a Todo Riesgo**

- ○ **Descripción**: Este tipo de póliza ofrece una cobertura amplia que incluye tanto la responsabilidad civil como los daños al propio vehículo del asegurado, sin importar quién tenga la culpa. También puede incluir cobertura en caso de robo y daños por desastres naturales.

- ○ **Ventajas**: Proporciona una protección integral, asegurando que el asegurado esté cubierto en casi todas las situaciones.

- ○ **Desventajas**: Las primas son generalmente más altas debido al nivel de cobertura ofrecido.

- o **Aplicaciones comunes**: Ideal para propietarios de vehículos nuevos o costosos que desean una mayor protección.

3. **Seguro a Terceros**
   - o **Descripción**: Este seguro cubre los daños que el asegurado cause a terceros, pero no cubre los daños al propio vehículo. Puede ser una opción más económica para quienes tienen un automóvil más antiguo o de menor valor.
   - o **Ventajas**: Las primas son más asequibles en comparación con los seguros a todo riesgo.
   - o **Desventajas**: No ofrece protección para el vehículo del asegurado en caso de accidentes, lo que puede resultar en gastos significativos si ocurre un siniestro.
   - o **Aplicaciones comunes**: Recomendado para propietarios de vehículos usados que desean una opción de seguro más económica.

4. **Seguro de Daños Propios**
   - o **Descripción**: Este seguro cubre los daños al vehículo del asegurado, independientemente de quién sea el culpable del accidente. Es útil para quienes desean asegurarse de que su propio vehículo esté protegido.

- ○ **Ventajas**: Ofrece tranquilidad al asegurado al saber que su vehículo estará cubierto, incluso si es responsable del accidente.
- ○ **Desventajas**: Generalmente no cubre lesiones personales ni daños a terceros.
- ○ **Aplicaciones comunes**: Útil para conductores que buscan proteger su vehículo sin necesidad de una cobertura de responsabilidad civil completa.

5. **Seguro de Accidentes Personales**

- ○ **Descripción**: Este tipo de seguro proporciona cobertura para lesiones personales que el conductor y los pasajeros puedan sufrir en un accidente automovilístico, independientemente de quién tenga la culpa.
- ○ **Ventajas**: Ofrece protección adicional en caso de lesiones, cubriendo gastos médicos y, en algunos casos, indemnizaciones por incapacidad o muerte.
- ○ **Desventajas**: No cubre daños al vehículo o a terceros, por lo que a menudo se contrata como complemento de otro tipo de seguro.
- ○ **Aplicaciones comunes**: Recomendado para quienes desean mayor protección en caso de lesiones en accidentes de tráfico.

6. **Seguro de Robo y Vandalismo**
   - ○ **Descripción**: Este seguro se centra en proteger el vehículo contra robos y actos de vandalismo. Puede ser parte de una póliza más amplia o una cobertura independiente.
   - ○ **Ventajas**: Proporciona tranquilidad al propietario del vehículo al protegerlo de pérdidas económicas por robo o daños intencionados.
   - ○ **Desventajas**: Puede tener limitaciones y requisitos específicos en cuanto a la seguridad del vehículo.
   - ○ **Aplicaciones comunes**: Recomendado para propietarios de vehículos en áreas donde el robo o vandalismo son más comunes.

3.4.3 Componentes Clave del Seguro de Automóvil

Los seguros de automóvil incluyen varios componentes esenciales que es importante comprender:

- **Prima**: Es el costo que el asegurado debe pagar periódicamente para mantener la póliza activa. Las primas pueden variar según factores como el tipo de cobertura, el modelo del vehículo, la edad del conductor y su historial de conducción.

- **Deducible**: Es la cantidad que el asegurado debe pagar de su propio bolsillo antes de que la aseguradora cubra el resto de los costos en caso de un siniestro. Generalmente, un deducible más alto implica primas más bajas y viceversa.

- **Cobertura de Responsabilidad Civil**: Este componente protege al asegurado frente a reclamaciones de terceros por daños a su propiedad o lesiones causadas en un accidente.
- **Cobertura de Daños Propios**: Cubre los costos de reparación del vehículo del asegurado en caso de daños, sin importar la culpa en el accidente.
- **Cobertura de Gastos Médicos**: En algunos casos, las pólizas de seguro de automóvil incluyen cobertura para gastos médicos derivados de lesiones sufridas en un accidente automovilístico.

3.4.4 Ventajas de los Seguros de Automóvil

Los seguros de automóvil ofrecen múltiples beneficios, tales como:

1. **Protección Financiera**: Brinda cobertura ante gastos significativos que pueden derivarse de accidentes, asegurando que los costos no recaigan totalmente sobre el asegurado.
2. **Cumplimiento Legal**: La mayoría de las jurisdicciones requieren un seguro de responsabilidad

civil, por lo que tenerlo asegura que el conductor cumpla con la ley.

3. **Tranquilidad**: Ofrece tranquilidad al asegurado, sabiendo que está protegido en caso de accidentes o imprevistos.

4. **Acceso a Asistencia en Carretera**: Muchas pólizas incluyen servicios de asistencia, como remolque y ayuda en carretera, lo que puede ser invaluable en situaciones de emergencia.

3.4.5 ¿Cuándo es Recomendada la Contratación de un Seguro de Automóvil?

La contratación de un seguro de automóvil es especialmente recomendable en las siguientes situaciones:

- **Propietarios de Vehículos**: Aquellos que poseen un vehículo y necesitan proteger su inversión contra daños y responsabilidades.

- **Conductores Nuevos**: Personas que obtienen su licencia de conducir por primera vez y desean asegurarse de estar protegidos en caso de accidentes.

- **Conductores de Vehículos de Alto Valor**: Propietarios de automóviles nuevos o de lujo que buscan una cobertura más completa para proteger su inversión.

- **Personas que Conducen con Frecuencia**: Aquellos que utilizan su vehículo regularmente deben considerar la importancia de tener una cobertura adecuada para protegerse ante eventualidades.
- **Familias**: Hogares con varios vehículos que requieren seguros para cada uno, lo que puede incluir descuentos si se aseguran múltiples vehículos con la misma compañía.

3.5 Seguros de Responsabilidad Civil

Los seguros de responsabilidad civil son productos diseñados para proteger al asegurado contra reclamaciones de terceros por daños o lesiones que puedan ocurrir en su persona, propiedad o por su conducta. Este tipo de seguro es fundamental para individuos y empresas, ya que proporciona una defensa financiera frente a posibles demandas y gastos legales.

3.5.1 ¿Qué es un Seguro de Responsabilidad Civil?

Un seguro de responsabilidad civil es un contrato entre el asegurado y la compañía aseguradora que cubre los gastos derivados de reclamaciones de terceros, incluyendo daños a la propiedad y lesiones personales. La cobertura puede extenderse a situaciones en las que el asegurado sea considerado responsable por sus acciones o por las acciones de otros bajo su supervisión. Este tipo de seguro es esencial en diversas situaciones de la vida diaria y en el ámbito profesional.

3.5.2 Tipos de Seguros de Responsabilidad Civil

Los seguros de responsabilidad civil pueden clasificarse en diferentes categorías, dependiendo del contexto en el que se apliquen. A continuación se detallan los tipos más comunes:

1. **Responsabilidad Civil General**
   - **Descripción**: Este tipo de seguro cubre reclamaciones de daños a la propiedad de terceros y lesiones personales que ocurran en el curso de las actividades del asegurado. Es comúnmente utilizado por individuos y negocios.
   - **Ventajas**: Ofrece una amplia cobertura para diversas situaciones que pueden surgir en la vida diaria, desde accidentes en el hogar hasta incidentes en el lugar de trabajo.
   - **Desventajas**: Puede tener limitaciones en cuanto a ciertos riesgos o eventos, y es fundamental leer bien la póliza para entender qué está cubierto.

- Aplicaciones comunes: Recomendado para propietarios de negocios, profesionales autónomos y particulares que deseen protegerse contra posibles reclamaciones.

2. **Responsabilidad Civil Profesional**

- **Descripción**: Este seguro es específico para profesionales que ofrecen servicios, como médicos, abogados, arquitectos y consultores. Cubre reclamaciones por errores, omisiones o negligencias en el desempeño de su trabajo.

- **Ventajas**: Protege a los profesionales ante reclamaciones que puedan surgir de su práctica profesional, ayudando a cubrir gastos legales y posibles indemnizaciones.

- **Desventajas**: Generalmente no cubre actos intencionados o fraudes, y puede tener limitaciones dependiendo del tipo de profesión.

- **Aplicaciones comunes**: Esencial para quienes ejercen profesiones de alto riesgo que pueden dar lugar a reclamaciones por daños.

3. **Responsabilidad Civil del Automóvil**

- **Descripción**: Este tipo de seguro es obligatorio en muchos lugares y cubre los daños que el asegurado pueda causar a terceros en caso de un accidente automovilístico. Incluye tanto daños a la propiedad como lesiones personales.

- o **Ventajas**: Proporciona una protección básica necesaria para todos los conductores, asegurando que las reclamaciones de terceros sean cubiertas.

- o **Desventajas**: No cubre los daños al vehículo del asegurado ni sus propios gastos médicos, por lo que a menudo se complementa con otros seguros.

- o **Aplicaciones comunes**: Obligatorio para todos los propietarios de vehículos que circulan en la vía pública.

4. **Responsabilidad Civil por Productos**

- o **Descripción**: Este seguro protege a los fabricantes y distribuidores de productos frente a reclamaciones por daños causados por productos defectuosos que hayan sido vendidos o distribuidos. Cubre tanto los daños a la propiedad como las lesiones personales.

- o **Ventajas**: Ofrece protección ante demandas que pueden surgir por el uso de un producto, lo cual es vital para las empresas que fabrican o venden bienes.

- o **Desventajas**: Puede ser costoso para las empresas y requiere de un seguimiento riguroso de la calidad del producto.
- o **Aplicaciones comunes**: Fundamental para empresas de manufactura, minoristas y distribuidores.

5. **Responsabilidad Civil de Locatario**
- o **Descripción**: Este seguro es diseñado para inquilinos y cubre daños a la propiedad del propietario que puedan ocurrir en el lugar alquilado. También protege contra reclamaciones por lesiones a visitantes.
- o **Ventajas**: Proporciona tranquilidad a los inquilinos, ya que asegura que no serán responsables de los daños que no causaron.
- o **Desventajas**: No cubre daños a la propiedad del inquilino, por lo que es recomendable complementarlo con un seguro de bienes personales.
- o **Aplicaciones comunes**: Ideal para inquilinos que desean protegerse de posibles reclamaciones del propietario.

6. **Responsabilidad Civil por Daños Ambientales**
- o **Descripción**: Este seguro cubre reclamaciones derivadas de daños al medio ambiente causados

por las actividades del asegurado. Es particularmente relevante para empresas que operan en industrias con impacto ambiental significativo.

- ○ **Ventajas**: Proporciona cobertura ante reclamaciones que pueden resultar de la contaminación o daños ambientales, lo que es esencial para cumplir con regulaciones ambientales.

- ○ **Desventajas**: Puede ser costoso y requerir auditorías ambientales para determinar el riesgo.

- ○ **Aplicaciones comunes**: Esencial para empresas industriales, agrícolas y de construcción.

3.5.3 Componentes Clave del Seguro de Responsabilidad Civil

Los seguros de responsabilidad civil incluyen varios componentes que es importante conocer:

- **Prima**: Es el costo que el asegurado debe pagar periódicamente para mantener la póliza activa. Las primas pueden variar según el tipo de cobertura, la cantidad de riesgo y el historial del asegurado.

- **Límites de Cobertura**: Es el monto máximo que la aseguradora pagará en caso de un reclamo. Es fundamental revisar y entender estos límites antes de contratar el seguro.

- **Franquicia**: Es el monto que el asegurado debe pagar de su propio bolsillo antes de que la aseguradora cubra el resto de los costos en caso de un reclamo.
- **Exclusiones**: Cada póliza de responsabilidad civil tendrá exclusiones, que son situaciones o condiciones específicas que no están cubiertas por el seguro. Es importante leer y comprender estas exclusiones.

3.5.4 Ventajas de los Seguros de Responsabilidad Civil

Los seguros de responsabilidad civil ofrecen múltiples beneficios, tales como:

1. **Protección Financiera**: Proporciona una defensa ante reclamaciones y demandas, evitando que el asegurado tenga que pagar de su propio bolsillo en caso de un siniestro.
2. **Tranquilidad**: Ofrece la tranquilidad de saber que se cuenta con respaldo en caso de accidentes o incidentes que resulten en daños a terceros.
3. **Cumplimiento Legal**: En muchos casos, tener un seguro de responsabilidad civil es un requisito legal, especialmente para profesionales y empresas.
4. **Defensa Legal**: Muchos seguros de responsabilidad civil incluyen la cobertura de gastos legales, lo que

puede ser una carga financiera significativa en caso de un litigio.

3.5.5 ¿Cuándo es Recomendada la Contratación de un Seguro de Responsabilidad Civil?

La contratación de un seguro de responsabilidad civil es especialmente recomendable en las siguientes situaciones:

- **Propietarios de Negocios**: Aquellos que operan un negocio y desean protegerse ante posibles reclamaciones de clientes o terceros.
- **Profesionales Autónomos**: Profesionales que ofrecen servicios y que podrían enfrentar reclamaciones por errores u omisiones en su trabajo.
- **Propietarios de Automóviles**: Todos los conductores deben tener un seguro de responsabilidad civil para cumplir con los requisitos legales y protegerse ante reclamaciones.
- **Inquilinos**: Personas que alquilan una vivienda y quieren protegerse contra reclamaciones del propietario o daños a terceros.
- **Fabricantes y Vendedores de Productos**: Empresas que producen o distribuyen productos y desean protegerse ante reclamaciones por daños causados por defectos en sus productos.

3.6 Seguros de Viaje

Los seguros de viaje son pólizas diseñadas para proteger a los viajeros frente a una serie de imprevistos que pueden ocurrir antes o durante un viaje. Estas pólizas ofrecen una variedad de coberturas que pueden incluir desde la cancelación del viaje hasta asistencia médica en el extranjero, proporcionando tranquilidad y seguridad a los viajeros.

3.6.1 ¿Qué es un Seguro de Viaje?

Un seguro de viaje es un contrato entre el viajero y una compañía aseguradora que cubre ciertos riesgos asociados con viajar. Estos riesgos pueden incluir cancelaciones, interrupciones, emergencias médicas, pérdida de equipaje, entre otros. La finalidad de este tipo de seguro es minimizar las pérdidas financieras y proporcionar asistencia en situaciones de emergencia durante el viaje.

3.6.2 Tipos de Seguros de Viaje

Los seguros de viaje pueden clasificarse en diferentes categorías según la cobertura que ofrezcan. A continuación se detallan los tipos más comunes:

1. **Seguro de Cancelación de Viaje**
   - **Descripción**: Cubre los gastos de cancelación del viaje en caso de que el asegurado no pueda viajar debido a razones imprevistas, como enfermedad, accidente, o fallecimiento de un familiar.
   - **Ventajas**: Permite recuperar los costos no reembolsables de vuelos, hoteles y otros servicios reservados.
   - **Desventajas**: Las razones para la cancelación deben estar especificadas en la póliza, y puede haber un período de espera para que la cobertura sea válida.
   - **Aplicaciones comunes**: Muy recomendable para aquellos que reservan viajes costosos o que tienen un itinerario con muchas reservas.
2. **Seguro de Asistencia Médica en Viaje**
   - **Descripción**: Ofrece cobertura para gastos médicos que puedan surgir durante el viaje, incluyendo atención médica, hospitalización y evacuación médica.
   - **Ventajas**: Proporciona acceso a atención médica adecuada en el extranjero, donde los costos pueden ser significativamente más altos.

- o **Desventajas**: Puede haber limitaciones en la cobertura dependiendo del país o región visitada, así como exclusiones por condiciones preexistentes.
- o **Aplicaciones comunes**: Indispensable para cualquier viajero, especialmente aquellos que viajan a países con sistemas de salud costosos o diferentes.

3. **Seguro de Equipaje**
    - o **Descripción**: Cubre la pérdida, robo o daños al equipaje del viajero durante el viaje. También puede incluir compensación por retrasos en la entrega del equipaje.
    - o **Ventajas**: Ofrece tranquilidad al saber que se estará cubierto en caso de que el equipaje se pierda o llegue tarde.
    - o **Desventajas**: Puede haber un límite en la cantidad que se puede reclamar por cada artículo o por el equipaje en total, y algunas pólizas excluyen ciertos artículos de alto valor.
    - o **Aplicaciones comunes**: Recomendado para viajeros que llevan equipaje valioso o que viajan a destinos donde el riesgo de pérdida es mayor.

4. **Seguro de Interrupción de Viaje**

- ○ **Descripción**: Cubre los costos adicionales que puedan surgir si el viaje debe interrumpirse debido a eventos imprevistos, como enfermedades, desastres naturales o problemas legales.
- ○ **Ventajas**: Proporciona compensación por gastos inesperados, como la compra de un nuevo billete de regreso anticipado o gastos adicionales de alojamiento.
- ○ **Desventajas**: Al igual que con el seguro de cancelación, las razones para la interrupción deben estar detalladas en la póliza.
- ○ **Aplicaciones comunes**: Ideal para viajeros con itinerarios complejos o que planean estancias prolongadas.

5. **Seguro de Responsabilidad Civil en Viaje**

- ○ **Descripción**: Cubre reclamaciones de terceros por daños o lesiones causadas por el asegurado durante el viaje. Este tipo de seguro es especialmente útil para quienes participan en actividades que podrían resultar en daños a la propiedad o lesiones a otras personas.
- ○ **Ventajas**: Protege al viajero contra reclamaciones que pueden surgir de accidentes durante el viaje.

- Desventajas: Puede no ser suficiente por sí solo y generalmente se combina con otros seguros de viaje.
- Aplicaciones comunes: Recomendado para viajeros que planean participar en deportes de aventura o actividades de riesgo.

6. **Seguro de Viaje para Estudiantes**

- **Descripción**: Este seguro está diseñado específicamente para estudiantes que viajan al extranjero para estudiar. Cubre aspectos como asistencia médica, cancelaciones, y responsabilidad civil.
- **Ventajas**: Ofrece una cobertura adaptada a las necesidades específicas de los estudiantes, que a menudo son diferentes a las de los viajeros recreativos.
- **Desventajas**: Puede tener limitaciones específicas, y es crucial leer bien la póliza para entender qué está cubierto.
- **Aplicaciones comunes**: Esencial para estudiantes que estudian en el extranjero o participan en programas de intercambio.

3.6.3 Componentes Clave del Seguro de Viaje

Los seguros de viaje incluyen varios componentes esenciales que los viajeros deben conocer:

- **Prima**: Es el costo que el asegurado debe pagar para mantener activa la póliza. Las primas pueden variar según la duración del viaje, el destino y la cobertura elegida.

- **Límites de Cobertura**: Es el monto máximo que la aseguradora pagará en caso de un reclamo. Es fundamental revisar estos límites para asegurarse de que son adecuados para el viaje planeado.

- **Exclusiones**: Cada póliza de seguro de viaje tendrá exclusiones específicas, que son situaciones o eventos que no están cubiertos. Es esencial leer y comprender estas exclusiones antes de contratar el seguro.

- **Deducibles**: Algunos seguros pueden incluir un deducible, que es la cantidad que el asegurado debe pagar antes de que la aseguradora cubra el resto del reclamo.

3.6.4 Ventajas de los Seguros de Viaje

Los seguros de viaje ofrecen múltiples beneficios, tales como:

1. **Protección Financiera**: Cubre gastos imprevistos que pueden surgir antes o durante un viaje, evitando que el asegurado deba asumir todos los costos.

2. **Tranquilidad**: Proporciona tranquilidad a los viajeros, sabiendo que están protegidos ante cualquier eventualidad.

3. **Acceso a Asistencia en Situaciones de Emergencia**: Muchos seguros de viaje incluyen asistencia en carretera, consultas médicas y otras formas de apoyo en caso de emergencia.

4. **Cumplimiento de Requisitos de Entrada**: Algunos países requieren que los viajeros tengan un seguro de viaje para ingresar, lo que puede ser un requisito indispensable.

3.6.5 ¿Cuándo es Recomendada la Contratación de un Seguro de Viaje?

La contratación de un seguro de viaje es especialmente recomendable en las siguientes situaciones:

- **Viajeros Frecuentes**: Aquellos que viajan con regularidad, ya sea por placer o trabajo, deben considerar la importancia de tener un seguro para cada viaje.

- **Viajes Internacionales**: Viajar a otros países implica riesgos adicionales, como problemas médicos o cancelaciones de vuelos, lo que hace que el seguro sea esencial.

- **Viajes a Destinos de Riesgo**: Aquellos que planean visitar lugares donde hay mayor riesgo de problemas médicos, robos o conflictos políticos deben asegurarse de contar con una póliza adecuada.

- **Viajes con Itinerarios Complejos**: Los viajeros con múltiples paradas o actividades planificadas pueden beneficiarse de tener un seguro que cubra las posibles interrupciones.

- **Estudiantes en el Extranjero**: Estudiantes que viajan para estudiar o participar en programas de intercambio deben considerar un seguro específico para estudiantes.

4.1 Cuentas de Ahorro

Las cuentas de ahorro son productos financieros ofrecidos por instituciones bancarias que permiten a los individuos depositar su dinero y ganar un interés sobre esos fondos. Estas cuentas son una herramienta fundamental para la gestión financiera personal, ya que no solo ayudan a fomentar el ahorro, sino que también ofrecen seguridad y liquidez.

4.1.1 ¿Qué es una Cuenta de Ahorro?

Una cuenta de ahorro es un tipo de cuenta bancaria que permite a los depositantes almacenar su dinero de manera segura, al tiempo que generan intereses sobre el saldo mantenido. Estas cuentas están diseñadas para fomentar el ahorro, y generalmente son más rentables que mantener el dinero en efectivo. Las cuentas de ahorro suelen ofrecer acceso fácil a los fondos, permitiendo a los titulares realizar retiros y transferencias.

4.1.2 Características de las Cuentas de Ahorro

Las cuentas de ahorro presentan varias características importantes que los ahorradores deben considerar:

1. **Intereses**:
   - **Descripción**: Las cuentas de ahorro ofrecen una tasa de interés sobre los depósitos, lo que permite a los titulares ver crecer su dinero con el tiempo. La tasa de interés puede ser fija o variable, dependiendo de la institución financiera.
   - **Cálculo**: Los intereses suelen calcularse diariamente y se acreditan en la cuenta mensualmente.
2. **Accesibilidad**:

- o **Descripción**: A diferencia de otros productos de inversión, las cuentas de ahorro ofrecen un alto nivel de accesibilidad. Los titulares pueden retirar su dinero en cualquier momento, aunque algunas cuentas pueden tener restricciones sobre el número de transacciones mensuales.
- o **Facilidades**: Muchas cuentas de ahorro permiten el acceso a fondos a través de cajeros automáticos, transferencias electrónicas y aplicaciones móviles.

3. **Seguridad**:

- o **Descripción**: La mayoría de las cuentas de ahorro están aseguradas por entidades gubernamentales, como la FDIC (Federal Deposit Insurance Corporation) en Estados Unidos, lo que significa que los fondos están protegidos hasta un límite específico, generalmente $250,000 por depositante.
- o **Ventaja**: Esta característica ofrece tranquilidad a los ahorradores, sabiendo que su dinero está seguro.

4. **Requisitos de Mantenimiento**:

- o **Descripción**: Algunas cuentas de ahorro pueden requerir un saldo mínimo para evitar tarifas mensuales. Es importante revisar los términos y condiciones de cada cuenta.

- ○ **Penalizaciones**: En caso de no cumplir con los requisitos, el banco puede cobrar comisiones que reduzcan el rendimiento de la cuenta.

5. **Facilidad de Uso**:

- ○ **Descripción**: Abrir y mantener una cuenta de ahorro es un proceso relativamente sencillo, que generalmente requiere identificación y un depósito inicial.

- ○ **Opciones**: Muchas instituciones ofrecen cuentas de ahorro en línea, lo que permite a los titulares gestionar sus fondos desde cualquier lugar.

4.1.3 Tipos de Cuentas de Ahorro

Existen varios tipos de cuentas de ahorro, cada una con características y beneficios específicos:

1. **Cuentas de Ahorro Tradicionales**:

- ○ **Descripción**: Son las cuentas más comunes, que ofrecen una tasa de interés modesta y permiten depósitos y retiros.

- ○ **Ventajas**: Son fáciles de gestionar y accesibles, ideales para el ahorro diario.

2. **Cuentas de Ahorro de Alto Rendimiento**:

- **Descripción**: Estas cuentas suelen ofrecer tasas de interés más altas en comparación con las cuentas tradicionales, a menudo requeridas por bancos en línea.
- **Ventajas**: Ofrecen una excelente opción para quienes buscan maximizar sus rendimientos sin comprometer la liquidez.

3. **Cuentas de Ahorro para Niños**:
   - **Descripción**: Diseñadas para ayudar a los niños a aprender sobre el ahorro, suelen tener tasas de interés competitivas y requisitos bajos.
   - **Ventajas**: Fomentan hábitos de ahorro desde una edad temprana y pueden incluir actividades educativas.

4. **Cuentas de Ahorro de Negocios**:
   - **Descripción**: Estas cuentas están destinadas a empresas y ofrecen características adaptadas a las necesidades de los negocios, como mayores límites de depósito.
   - **Ventajas**: Permiten a las empresas gestionar sus ahorros y acceder a tasas de interés competitivas.

5. **Cuentas de Ahorro de Emergencia**:

- Descripción: Creadas específicamente para ahorrar para emergencias, estas cuentas a menudo tienen un enfoque en la accesibilidad.
- Ventajas: Fomentan la creación de un fondo de emergencia, proporcionando seguridad financiera ante imprevistos.

4.1.4 Ventajas de las Cuentas de Ahorro

Las cuentas de ahorro ofrecen múltiples beneficios a los titulares, tales como:

1. Fomento del Ahorro: Al ofrecer intereses, motivan a las personas a ahorrar en lugar de gastar.
2. Liquidez: Permiten el acceso rápido y fácil a los fondos, lo que es crucial en caso de emergencias financieras.
3. Seguridad: Proporcionan un lugar seguro para mantener dinero, lejos de riesgos asociados con inversiones más volátiles.
4. Simplicidad: Son fáciles de entender y gestionar, lo que las convierte en una opción accesible para personas de todas las edades.

4.1.5 Consideraciones al Abrir una Cuenta de Ahorro

Al considerar abrir una cuenta de ahorro, es importante tener en cuenta varios factores:

- **Tasa de Interés**: Comparar las tasas ofrecidas por diferentes instituciones para maximizar los rendimientos.
- **Requisitos de Saldo**: Evaluar si se puede cumplir con los requisitos de saldo mínimo para evitar tarifas.
- **Accesibilidad**: Verificar las opciones de acceso, como cajeros automáticos y banca en línea.
- **Comisiones**: Investigar cualquier cargo o comisión asociada con el mantenimiento de la cuenta.

4.1.6 Conclusión

Las cuentas de ahorro son una herramienta fundamental en la planificación financiera personal, proporcionando un medio seguro para almacenar dinero y ganar intereses. Su accesibilidad y seguridad las convierten en una opción ideal para cualquier persona que busque establecer o aumentar su capacidad de ahorro. Al considerar abrir una cuenta de ahorro, es esencial evaluar las diferentes opciones disponibles y elegir la que mejor se adapte a las necesidades individuales.

4.2 Depósitos a Plazo

Los depósitos a plazo son productos financieros ofrecidos por bancos y otras instituciones financieras que permiten a los ahorradores invertir su dinero por un período específico a cambio de una tasa de interés fija. Este tipo de inversión es popular entre los ahorradores que buscan una forma segura y predecible de hacer crecer su dinero sin asumir riesgos significativos.

4.2.1 ¿Qué es un Depósito a Plazo?

Un depósito a plazo es un contrato entre el ahorrador y una entidad financiera en el que el cliente se compromete a mantener una cantidad de dinero depositada durante un periodo determinado. A cambio, la institución financiera ofrece una tasa de interés superior a la que se obtendría en una cuenta de ahorro tradicional. Al final del plazo, el titular del depósito recibe su capital más los intereses generados.

4.2.2 Características de los Depósitos a Plazo

Los depósitos a plazo tienen varias características que los distinguen de otros productos de ahorro e inversión:

1. **Tasa de Interés Fija**:
   - **Descripción**: La tasa de interés se establece al momento de abrir el depósito y permanece constante durante todo el periodo.

- **Ventajas**: Ofrece previsibilidad, ya que el ahorrador sabe exactamente cuánto interés ganará al finalizar el plazo.

2. **Plazo Fijo**:
    - **Descripción**: El depósito se mantiene durante un tiempo determinado, que puede variar desde un mes hasta varios años.
    - **Ventajas**: Permite planificar financieramente, ya que los ahorradores pueden elegir plazos que se alineen con sus objetivos financieros.

3. **Seguridad**:
    - **Descripción**: Los depósitos a plazo suelen estar asegurados por entidades gubernamentales (como la FDIC en EE. UU.), lo que significa que el capital está protegido hasta ciertos límites.
    - **Ventajas**: Proporciona tranquilidad a los inversores, sabiendo que su dinero está a salvo de riesgos de mercado.

4. **Acceso Limitado**:
    - **Descripción**: Durante el plazo del depósito, el ahorrador no puede retirar los fondos sin incurrir en penalizaciones.
    - **Ventajas**: Esto fomenta el ahorro a largo plazo y disuade el gasto impulsivo.

5. **Opciones de Reembolso**:

- **Descripción**: Al final del plazo, el ahorrador puede optar por retirar el capital y los intereses, o renovar el depósito por otro período.
- **Ventajas**: Ofrece flexibilidad para adaptarse a las necesidades cambiantes del ahorrador.

4.2.3 Tipos de Depósitos a Plazo

Existen diferentes tipos de depósitos a plazo, cada uno con sus características y condiciones específicas:

1. **Depósitos a Plazo Fijo**:
   - **Descripción**: Son los más comunes, donde el capital se deposita por un tiempo determinado a una tasa de interés fija.
   - **Ventajas**: Ideales para quienes desean una inversión segura y de bajo riesgo.
2. **Depósitos a Plazo Escalonado**:
   - **Descripción**: En este tipo de depósitos, el capital se divide en varias partes, cada una con diferentes plazos y tasas de interés.
   - **Ventajas**: Permite al ahorrador tener acceso a parte de su dinero en diferentes momentos mientras sigue obteniendo interés en el resto.
3. **Depósitos de Ahorro a Plazo**:
   - **Descripción**: Combinan características de cuentas de ahorro y depósitos a plazo. Ofrecen

acceso a los fondos con cierta flexibilidad, pero a cambio de tasas de interés más bajas.

- o **Ventajas**: Proporcionan un balance entre seguridad y liquidez.

4. **Depósitos a Plazo Renovable**:

- o **Descripción**: Estos depósitos se renuevan automáticamente al finalizar el plazo a la misma tasa de interés, a menos que el ahorrador indique lo contrario.

- o **Ventajas**: Simplifican el proceso para el ahorrador que desea seguir invirtiendo su capital sin tener que volver a negociar.

4.2.4 Ventajas de los Depósitos a Plazo

Los depósitos a plazo ofrecen una serie de beneficios a los ahorradores e inversores, tales como:

1. **Rentabilidad Predecible**: Los ahorradores pueden anticipar los ingresos que generarán a partir de su inversión, lo que facilita la planificación financiera.

2. **Bajo Riesgo**: A diferencia de las inversiones en acciones o bonos, los depósitos a plazo son considerados de bajo riesgo, lo que los convierte en una opción segura para el capital.

3. **Protección contra la Inflación**: Aunque no siempre garantizan rendimientos que superen la inflación, las

tasas fijas pueden ofrecer cierta protección en entornos de tasas crecientes.

4. **Flexibilidad**: Existen diversas opciones en cuanto a plazos y tipos de depósitos, lo que permite a los ahorradores elegir el producto que mejor se adapte a sus necesidades financieras.

4.2.5 Consideraciones al Invertir en Depósitos a Plazo

Al considerar un depósito a plazo, es importante tener en cuenta varios factores:

- **Tasa de Interés**: Comparar tasas entre diferentes instituciones es esencial para maximizar el rendimiento.

- **Duración del Plazo**: Evaluar cuál es el plazo más adecuado según las necesidades financieras futuras. Es recomendable evitar plazos excesivamente largos si se anticipa la necesidad de acceso a los fondos.

- **Penalizaciones por Retiros Anticipados**: Entender las consecuencias de retirar fondos antes de que finalice el plazo es crucial, ya que puede resultar en la pérdida de intereses o en cargos adicionales.

- **Reputación de la Institución Financiera**: Seleccionar un banco o entidad de confianza es esencial para garantizar la seguridad del capital.

Los depósitos a plazo son una opción de inversión segura y sencilla para aquellos que buscan una manera eficaz de hacer crecer su dinero sin asumir riesgos significativos. Con su rentabilidad predecible y su naturaleza segura, son una herramienta valiosa en la planificación financiera, ideal para ahorradores de todas las edades y niveles de experiencia. Al considerar la inversión en depósitos a plazo, es fundamental comparar opciones y entender los términos de cada producto para asegurarse de que se alineen con los objetivos financieros personales.

4.3 Fondos de Inversión

Los fondos de inversión son vehículos de inversión colectiva que permiten a múltiples inversores agrupar su capital para comprar una variedad de activos, como acciones, bonos y bienes raíces, gestionados por profesionales. Este tipo de inversión ofrece a los ahorradores la oportunidad de diversificar su cartera y acceder a una gestión experta, lo que puede ser difícil de lograr de manera individual.

4.3.1 ¿Qué es un Fondo de Inversión?

Un fondo de inversión es una entidad que reúne dinero de varios inversores para invertirlo en una cartera diversificada de activos financieros. Cada inversor posee acciones del fondo, que representan su participación proporcional en el capital total del fondo y en los ingresos generados por la cartera de inversiones. Los fondos de inversión son administrados por gestores profesionales que toman decisiones de inversión basadas en la estrategia del fondo y en los objetivos de rendimiento.

4.3.2 Características de los Fondos de Inversión

Los fondos de inversión presentan diversas características que los distinguen de otras formas de inversión:

1. **Diversificación**:
   - **Descripción**: Al invertir en un fondo, los inversores adquieren acceso a una cartera diversificada de activos, lo que reduce el riesgo asociado con la inversión en un solo activo.
   - **Ventajas**: La diversificación ayuda a mitigar las pérdidas potenciales, ya que el desempeño negativo de una inversión puede ser compensado por el rendimiento positivo de otras.
2. **Gestión Profesional**:

- ○ **Descripción**: Los fondos son administrados por gestores profesionales con experiencia en la selección y gestión de inversiones.
- ○ **Ventajas**: Los inversores pueden beneficiarse de la experiencia y el conocimiento del mercado de los gestores sin necesidad de dedicar tiempo a la investigación y análisis.

3. **Accesibilidad**:
- ○ **Descripción**: La mayoría de los fondos de inversión tienen montos mínimos de inversión relativamente bajos, lo que los hace accesibles para una amplia gama de inversores.
- ○ **Ventajas**: Esto permite a los pequeños ahorradores participar en inversiones que, de otro modo, estarían fuera de su alcance.

4. **Liquidez**:
- ○ **Descripción**: La mayoría de los fondos de inversión permiten a los inversores comprar y vender sus acciones en cualquier momento, proporcionando un nivel razonable de liquidez.
- ○ **Ventajas**: Los inversores pueden acceder a su dinero más fácilmente que en otras inversiones que pueden requerir períodos de bloqueo.

5. **Estructura de Costos**:

- Descripción: Los fondos de inversión suelen tener comisiones por gestión, que pueden ser porcentajes sobre el patrimonio gestionado o tarifas fijas.
- Ventajas y desventajas: Mientras que la gestión profesional tiene un costo, es importante que los inversores evalúen si los beneficios de la gestión profesional justifican las tarifas.

4.3.3 Tipos de Fondos de Inversión

Existen diversos tipos de fondos de inversión, cada uno con diferentes objetivos y estrategias de inversión:

1. **Fondos de Renta Variable**:
   - **Descripción**: Invierten principalmente en acciones de empresas y buscan generar rendimientos a través de la apreciación del capital y dividendos.
   - **Ventajas**: Potencial de alto rendimiento, pero también mayor riesgo.
2. **Fondos de Renta Fija**:
   - **Descripción**: Invierten en bonos y otros instrumentos de deuda. Su objetivo es generar ingresos regulares y conservar el capital.

- Ventajas: Generalmente menos volátiles que los fondos de renta variable, adecuados para inversores que buscan estabilidad.

3. **Fondos Mixtos**:

- **Descripción**: Combinan inversiones en renta variable y renta fija, buscando un equilibrio entre crecimiento y estabilidad.
- **Ventajas**: Ofrecen diversificación y flexibilidad en la estrategia de inversión.

4. **Fondos de Índice**:

- **Descripción**: Buscan replicar el rendimiento de un índice específico del mercado, como el S&P 500, invirtiendo en las mismas acciones que lo componen.
- **Ventajas**: Suelen tener costos más bajos y ofrecen una forma sencilla de diversificación.

5. **Fondos de Inversión Alternativa**:

- **Descripción**: Invierten en activos no tradicionales, como bienes raíces, materias primas o inversiones en capital privado.
- **Ventajas**: Pueden proporcionar rendimientos no correlacionados con los mercados de acciones y bonos, ofreciendo diversificación adicional.

6. **Fondos de Retiro**:

- Descripción: Diseñados para acumular ahorros para la jubilación, invierten en una combinación de activos para alcanzar un crecimiento sostenible a largo plazo.
- Ventajas: Ofrecen beneficios fiscales y están adaptados a las necesidades de los inversores que planifican su jubilación.

4.3.4 Ventajas de los Fondos de Inversión

Los fondos de inversión presentan varias ventajas que los hacen atractivos para los inversores:

1. **Diversificación Inmediata**: A través de un solo producto, los inversores pueden diversificar su exposición a diferentes activos y mercados.
2. **Gestión Profesional**: La experiencia de los gestores de fondos puede aumentar las probabilidades de obtener buenos rendimientos.
3. **Facilidad de Inversión**: Son accesibles y fáciles de adquirir a través de plataformas de inversión, bancos y asesores financieros.
4. **Oportunidades de Crecimiento**: Muchos fondos ofrecen la posibilidad de invertir en mercados que serían difíciles de acceder individualmente.

4.3.5 Consideraciones al Invertir en Fondos de Inversión

Antes de invertir en un fondo de inversión, es importante tener en cuenta los siguientes factores:

- **Objetivos de Inversión**: Definir metas claras y el horizonte temporal de la inversión.
- **Perfil de Riesgo**: Evaluar el nivel de riesgo que se está dispuesto a asumir y seleccionar fondos que se alineen con este perfil.
- **Comisiones y Gastos**: Considerar las tarifas de gestión y otros costos asociados, ya que pueden afectar significativamente los rendimientos a largo plazo.
- **Desempeño Histórico**: Aunque el desempeño pasado no garantiza resultados futuros, analizar el historial del fondo puede proporcionar información sobre su gestión y estrategias.

4.3.6 Conclusión

Los fondos de inversión son una herramienta poderosa para los inversores que buscan diversificación, gestión profesional y la oportunidad de acceder a una variedad de activos. Al comprender sus características, tipos y beneficios, los ahorradores pueden tomar decisiones informadas sobre cómo integrar fondos de inversión en su estrategia financiera global. Con la adecuada investigación y selección, los fondos de inversión pueden contribuir significativamente al crecimiento del patrimonio personal.

4.4 Acciones y Bonos

Las acciones y los bonos son dos de los instrumentos de inversión más comunes y ampliamente utilizados en los mercados financieros. Cada uno de ellos representa diferentes formas de inversión y ofrece distintos niveles de riesgo, rendimiento y características. A continuación, se presenta un análisis detallado de ambos.

4.4.1 ¿Qué son las Acciones?

Las acciones son instrumentos financieros que representan una participación en la propiedad de una empresa. Al comprar acciones, los inversores adquieren una porción de la empresa, lo que les otorga derechos sobre sus activos y beneficios, así como la posibilidad de participar en decisiones importantes, como la elección de la junta directiva.

4.4.1.1 Tipos de Acciones

1. **Acciones Ordinarias**:

- Descripción: Representan la propiedad en una empresa y otorgan derechos de voto a los accionistas en la asamblea general.
- Ventajas: Los accionistas pueden beneficiarse de la apreciación del capital y de dividendos, aunque no tienen un derecho garantizado a recibir dividendos.

2. **Acciones Preferentes**:
- Descripción: Tienen prioridad sobre las acciones ordinarias en el pago de dividendos y en el caso de liquidación de la empresa.
- Ventajas: Ofrecen un flujo de ingresos más predecible a través de dividendos fijos, pero generalmente no otorgan derechos de voto.

4.4.1.2 Ventajas de Invertir en Acciones

- **Potencial de Alta Rentabilidad**: Las acciones históricamente han ofrecido rendimientos más altos a largo plazo en comparación con otros activos, como bonos o cuentas de ahorro.
- **Dividendos**: Algunas acciones pagan dividendos, proporcionando ingresos regulares a los inversores.
- **Liquidez**: Las acciones de empresas que cotizan en bolsa pueden comprarse y venderse fácilmente en el mercado secundario.

- **Participación en el Crecimiento Empresarial**: Los inversores en acciones pueden beneficiarse del crecimiento de la empresa, lo que a menudo se traduce en un aumento del valor de las acciones.

4.4.1.3 Riesgos de Invertir en Acciones

- **Volatilidad**: Los precios de las acciones pueden fluctuar significativamente en cortos períodos, lo que puede resultar en pérdidas.
- **Pérdida de Capital**: Si una empresa enfrenta dificultades financieras o quiebra, los inversores pueden perder parte o la totalidad de su inversión.
- **Riesgo de Dilución**: La emisión de nuevas acciones puede diluir el valor de las acciones existentes.

4.4.2 ¿Qué son los Bonos?

Los bonos son instrumentos de deuda emitidos por gobiernos, corporaciones y otras entidades para financiar sus operaciones y proyectos. Al comprar un bono, el inversor presta su dinero al emisor a cambio de pagos de interés regulares y el reembolso del capital al vencimiento.

4.4.2.1 Tipos de Bonos

1. **Bonos del Gobierno**:

- ○ **Descripción**: Emitidos por gobiernos nacionales para financiar gastos públicos.
- ○ **Ventajas**: Generalmente se consideran inversiones seguras debido a la capacidad del gobierno de recaudar impuestos.

2. **Bonos Corporativos**:
   - ○ **Descripción**: Emitidos por empresas para financiar operaciones, expansión o proyectos específicos.
   - ○ **Ventajas**: Pueden ofrecer tasas de interés más altas que los bonos del gobierno, pero con un mayor riesgo de incumplimiento.

3. **Bonos Municipales**:
   - ○ **Descripción**: Emitidos por gobiernos locales o entidades gubernamentales para financiar proyectos públicos.
   - ○ **Ventajas**: Los intereses suelen estar exentos de impuestos, lo que los hace atractivos para inversores en tramos impositivos altos.

4. **Bonos de Alto Rendimiento (High-Yield Bonds)**:
   - ○ **Descripción**: Emitidos por empresas con calificaciones crediticias más bajas, ofreciendo tasas de interés más altas para compensar el mayor riesgo.

- ○ **Ventajas**: Potencial para obtener altos rendimientos, pero con un riesgo significativo de incumplimiento.

4.4.2.2 Ventajas de Invertir en Bonos

- **Estabilidad y Previsibilidad**: Los bonos generalmente ofrecen pagos de intereses regulares y un reembolso del capital, lo que proporciona un flujo de ingresos predecible.
- **Menor Volatilidad**: A menudo, los bonos son menos volátiles que las acciones, lo que los convierte en una opción más segura en entornos de mercado inestables.
- **Diversificación**: Invertir en bonos puede ayudar a equilibrar una cartera de inversiones, mitigando el riesgo general asociado con las acciones.

4.4.2.3 Riesgos de Invertir en Bonos

- **Riesgo de Tasa de Interés**: Los precios de los bonos caen cuando las tasas de interés aumentan. Esto puede llevar a pérdidas si los bonos se venden antes de su vencimiento.
- **Riesgo de Crédito**: Si el emisor del bono no puede cumplir con sus obligaciones de pago, los inversores pueden perder su capital o parte de los intereses.

- **Inflación**: Los pagos de intereses fijos pueden perder poder adquisitivo si la inflación aumenta, lo que reduce el rendimiento real de la inversión.

4.4.3 Comparación entre Acciones y Bonos

Característica	Acciones	Bonos
Tipo de Inversión	Propiedad en la empresa	Préstamo a la empresa o gobierno
Rentabilidad	Alta potencialidad (alta volatilidad)	Rendimiento más predecible y fijo
Riesgo	Mayor riesgo de pérdida de capital	Menor riesgo, pero con riesgo de crédito
Ingresos	Dividendos variables	Intereses fijos
Liquidez	Generalmente alta	Variable, dependiendo del mercado
Participación	Derechos de voto en la empresa	Sin derechos de voto

4.4.4 Conclusión

Las acciones y los bonos son componentes esenciales de cualquier cartera de inversión, cada uno con sus propias características, ventajas y riesgos. Las acciones ofrecen la oportunidad de participar en el crecimiento de las empresas y obtener altos rendimientos, mientras que los bonos proporcionan estabilidad y un flujo de ingresos predecible.

La clave para una inversión exitosa radica en comprender cómo estos instrumentos pueden trabajar juntos para diversificar y equilibrar una cartera, ajustándose a los objetivos financieros y al perfil de riesgo de cada inversor.

4.5 Planes de Pensiones

Los planes de pensiones son instrumentos de ahorro y inversión diseñados específicamente para acumular capital que proporcione ingresos durante la jubilación. Estos planes permiten a los trabajadores y autónomos reservar una parte de sus ingresos a lo largo de su vida laboral, asegurando una fuente de ingresos cuando ya no puedan o deseen trabajar. A continuación, se detalla la naturaleza de los planes de pensiones, sus tipos, características, ventajas y consideraciones a tener en cuenta.

4.5.1 ¿Qué es un Plan de Pensiones?

Un plan de pensiones es un acuerdo financiero que tiene como objetivo asegurar la renta de una persona tras su jubilación. A través de contribuciones regulares, los participantes acumulan un fondo que se invertirá y crecerá a lo largo del tiempo. Al momento de la jubilación, el fondo acumulado se utiliza para proporcionar un ingreso a la persona jubilada, que puede ser recibido en forma de capital, rentas periódicas o una combinación de ambos.

4.5.1.1 Funcionamiento de los Planes de Pensiones

Los planes de pensiones operan bajo el principio del ahorro a largo plazo. Generalmente, el funcionamiento de estos planes incluye los siguientes pasos:

1. **Contribución**:
   - El trabajador aporta un porcentaje de su salario al plan de pensiones, que puede complementarse con contribuciones del empleador.

2. **Inversión**:
   - Los fondos acumulados se invierten en una variedad de activos, como acciones, bonos y bienes raíces, buscando maximizar el crecimiento del capital.

3. **Crecimiento del Capital**:
   - A lo largo de los años, el capital acumulado puede crecer significativamente gracias a los intereses compuestos y la rentabilidad de las inversiones.

4. **Retiro**:
   - Al llegar la jubilación, el beneficiario puede retirar el capital acumulado y recibir ingresos en forma

de pagos periódicos o lump-sum (suma total), dependiendo de las características del plan.

4.5.2 Tipos de Planes de Pensiones

Los planes de pensiones se pueden clasificar en varias categorías, según su naturaleza, la forma en que se financian y su gestión:

1. **Planes de Pensiones de Empleador (Occupational Pension Plans)**:
   - **Descripción**: Son planes ofrecidos por las empresas a sus empleados como parte de los beneficios laborales.
   - **Características**: Pueden ser de contribución definida, donde se especifica el monto a aportar, o de prestación definida, donde se garantiza un monto específico de pensión al momento de la jubilación.
2. **Planes de Pensiones Personales (Personal Pension Plans)**:
   - **Descripción**: Son contratos que los individuos establecen de manera voluntaria con entidades financieras para ahorrar para su jubilación.
   - **Características**: Ofrecen flexibilidad en las aportaciones y en la elección de las inversiones,

permitiendo personalizar el plan según las necesidades del ahorrador.

3. **Planes de Pensiones de Auto-Empleo**:
    o **Descripción**: Diseñados para trabajadores autónomos que desean asegurar su futuro financiero al jubilarse.
    o **Características**: Permiten a los autónomos establecer un plan de ahorro que se adapte a sus ingresos fluctuantes.

4. **Planes de Pensiones de Ahorro (Saving Pension Plans)**:
    o **Descripción**: Combinan ahorro y seguros, garantizando un capital mínimo y la posibilidad de complementar la pensión con un seguro de vida.
    o **Características**: Suelen ser más conservadores en la inversión, asegurando un retorno mínimo al momento de la jubilación.

4.5.3 Ventajas de los Planes de Pensiones

Invertir en un plan de pensiones conlleva múltiples beneficios que pueden ser fundamentales para asegurar un retiro cómodo:

1. **Ahorro Fiscal**:

- Descripción: Las contribuciones a los planes de pensiones suelen ser deducibles de impuestos, lo que reduce la carga fiscal en el presente.
- Beneficio: Esto permite a los ahorradores acumular más capital a lo largo del tiempo, beneficiándose del efecto del interés compuesto.

2. **Seguridad Financiera**:
   - Descripción: Garantiza un ingreso durante la jubilación, ayudando a mantener el nivel de vida.
   - Beneficio: Proporciona tranquilidad al saber que se cuenta con un respaldo financiero en la etapa más avanzada de la vida.

3. **Flexibilidad**:
   - Descripción: Muchos planes de pensiones permiten ajustar las aportaciones y las inversiones según las circunstancias personales.
   - Beneficio: Esto permite a los inversores adaptar su estrategia a sus necesidades cambiantes a lo largo de su vida laboral.

4. **Diversificación de Inversiones**:
   - Descripción: Los fondos de pensiones suelen invertir en una variedad de activos, lo que reduce el riesgo de pérdidas.

- **Beneficio**: La diversificación ayuda a equilibrar la cartera y a mitigar el impacto de la volatilidad del mercado.

4.5.4 Riesgos y Consideraciones de los Planes de Pensiones

A pesar de sus numerosas ventajas, los planes de pensiones también conllevan ciertos riesgos y consideraciones que los inversores deben tener en cuenta:

1. **Riesgo de Inversión**:
   - **Descripción**: El rendimiento de los fondos de pensiones depende de la gestión de las inversiones.
   - **Consideración**: Inversiones poco acertadas pueden resultar en un capital acumulado menor al esperado.
2. **Falta de Liquidez**:
   - **Descripción**: Los fondos de pensiones están diseñados para ser utilizados durante la jubilación, lo que significa que las retiradas anticipadas pueden estar sujetas a penalizaciones.
   - **Consideración**: Esto puede limitar el acceso a los fondos en situaciones de emergencia.
3. **Normativas y Regulaciones**:

- Descripción: Los planes de pensiones están sujetos a normativas fiscales y legales que pueden cambiar con el tiempo.
- Consideración: Los inversores deben estar atentos a estos cambios, ya que pueden afectar su plan de ahorro.

4. **Inflación**:

- Descripción: El poder adquisitivo de los ingresos generados por los planes de pensiones puede verse afectado por la inflación.
- Consideración: Es importante considerar inversiones que superen la tasa de inflación para garantizar el valor real del capital acumulado.

4.5.5 Conclusión

Los planes de pensiones son una herramienta esencial para la planificación de la jubilación, permitiendo a los individuos acumular capital y asegurar una fuente de ingresos durante la etapa de retiro. Al comprender los diferentes tipos de planes, sus ventajas y los riesgos asociados, los ahorradores pueden tomar decisiones informadas y estratégicas que les permitan alcanzar sus objetivos financieros a largo plazo. La preparación adecuada y la elección de un plan de pensiones que se alinee con las necesidades y metas personales son fundamentales para disfrutar de una jubilación cómoda y segura.

4.6 Criptomonedas

Las criptomonedas han revolucionado el panorama financiero global en la última década, presentándose como una forma innovadora de inversión y un nuevo medio de intercambio. Se trata de activos digitales que utilizan criptografía para asegurar transacciones, controlar la creación de nuevas unidades y verificar la transferencia de activos. A continuación, se exploran en profundidad las características, tipos, ventajas, riesgos y consideraciones importantes en relación con las criptomonedas.

4.6.1 ¿Qué son las Criptomonedas?

Las criptomonedas son monedas digitales que operan en una red descentralizada utilizando tecnología blockchain. Esta tecnología permite registrar y verificar transacciones de forma segura, transparente y sin la necesidad de intermediarios tradicionales, como bancos o gobiernos.

4.6.1.1 Características Principales de las Criptomonedas

1. **Descentralización**:

- La mayoría de las criptomonedas funcionan en redes descentralizadas, lo que significa que no están controladas por ninguna entidad central. Esto reduce el riesgo de manipulación y censura.

2. **Seguridad**:
- Utilizan técnicas criptográficas para asegurar las transacciones y controlar la creación de nuevas unidades, lo que las hace difíciles de falsificar.

3. **Anonimato**:
- Las transacciones pueden realizarse de forma relativamente anónima, aunque el grado de anonimato varía entre diferentes criptomonedas.

4. **Divisibilidad**:
- La mayoría de las criptomonedas pueden dividirse en unidades más pequeñas, lo que permite realizar transacciones de menor valor.

5. **Accesibilidad**:
- Cualquiera con acceso a Internet puede comprar y utilizar criptomonedas, lo que las hace accesibles a personas que no tienen acceso a servicios bancarios tradicionales.

4.6.2 Tipos de Criptomonedas

Las criptomonedas se dividen en varias categorías, siendo las más destacadas las siguientes:

1. **Bitcoin (BTC)**:
   - ○ **Descripción**: La primera y más conocida criptomoneda, creada en 2009 por una persona o grupo bajo el seudónimo de Satoshi Nakamoto.
   - ○ **Características**: Se considera una reserva de valor y un medio de intercambio. Su cantidad está limitada a 21 millones de monedas.

2. **Altcoins**:
   - ○ **Descripción**: Cualquier criptomoneda que no sea Bitcoin. Incluyen miles de monedas y tokens diferentes, cada uno con sus propias características.
   - ○ **Ejemplos**: Ethereum (ETH), Ripple (XRP), Litecoin (LTC) y Cardano (ADA).

3. **Tokens**:
   - ○ **Descripción**: Activos digitales que representan un valor o utilidad en un ecosistema específico, a menudo creados sobre plataformas de blockchain existentes (como Ethereum).
   - ○ **Características**: Pueden usarse para acceder a servicios dentro de un ecosistema, como aplicaciones descentralizadas (dApps) o plataformas de finanzas descentralizadas (DeFi).

4. **Stablecoins**:

- ○ **Descripción**: Criptomonedas diseñadas para mantener un valor estable en relación con un activo subyacente, como el dólar estadounidense.
- ○ **Ejemplos**: Tether (USDT), USD Coin (USDC) y DAI.

4.6.3 Ventajas de Invertir en Criptomonedas

1. **Alto Potencial de Rendimiento**:
   - ○ Las criptomonedas han mostrado un crecimiento explosivo en su valor, ofreciendo a los inversores la posibilidad de obtener rendimientos significativos en un corto período.

2. **Diversificación de la Cartera**:
   - ○ Incluir criptomonedas en una cartera de inversión puede ayudar a diversificar el riesgo, ya que a menudo tienen una correlación baja con activos tradicionales como acciones y bonos.

3. **Innovación Tecnológica**:
   - ○ Las criptomonedas están a la vanguardia de la innovación financiera, impulsando el desarrollo de nuevas tecnologías como contratos inteligentes y finanzas descentralizadas.

4. **Bajas Barreras de Entrada**:

- La posibilidad de invertir en fracciones de criptomonedas permite a los inversores participar con cantidades menores de capital, lo que hace que sean accesibles para un público más amplio.

4.6.4 Riesgos de Invertir en Criptomonedas

A pesar de sus ventajas, invertir en criptomonedas conlleva una serie de riesgos que los inversores deben considerar:

1. **Volatilidad**:
   - Los precios de las criptomonedas son extremadamente volátiles, lo que puede resultar en pérdidas significativas en períodos cortos.

2. **Regulaciones**:
   - El marco regulatorio para las criptomonedas está en constante evolución, lo que podría afectar su viabilidad y aceptación en el futuro.

3. **Seguridad y Fraude**:
   - Aunque la tecnología blockchain es segura, los inversores aún están expuestos a riesgos de seguridad, como robos en intercambios y estafas.

4. **Falta de Protección del Consumidor**:
   - A diferencia de los bancos y otras instituciones financieras, las criptomonedas a menudo carecen de garantías o protección para los inversores, lo

que significa que en caso de pérdida, no hay un recurso legal claro.

4.6.5 Consideraciones al Invertir en Criptomonedas

1. **Investigación y Educación**:
   - ○ Es fundamental investigar y comprender el funcionamiento de las criptomonedas y su tecnología antes de invertir.

2. **Estrategia de Inversión**:
   - ○ Definir una estrategia clara que incluya la cantidad de capital a invertir, el horizonte temporal y el enfoque de riesgo.

3. **Diversificación**:
   - ○ No concentrar todas las inversiones en un solo activo; diversificar en diferentes criptomonedas y otros activos para mitigar riesgos.

4. **Uso de Monederos Seguros**:
   - ○ Almacenar criptomonedas en monederos seguros, ya sea en hardware o software, para reducir el riesgo de pérdida por hackeo.

5. **Estar Atento a las Tendencias del Mercado**:
   - ○ Seguir las noticias y tendencias del mercado de criptomonedas, ya que el entorno es dinámico y está sujeto a cambios rápidos.

Las criptomonedas representan una nueva frontera en el mundo de las inversiones, ofreciendo tanto oportunidades como desafíos. Con su potencial de alto rendimiento y la innovación que traen, pueden ser una adición valiosa a la cartera de cualquier inversor. Sin embargo, es crucial abordar este tipo de inversión con una mentalidad informada, considerando los riesgos y adoptando un enfoque estratégico. A medida que el mercado de criptomonedas continúa evolucionando, se espera que desempeñen un papel cada vez más importante en la economía global y en las estrategias de inversión de individuos y entidades.

5.1 Análisis de Riesgos

El análisis de riesgos es un proceso fundamental en la planificación financiera que permite identificar, evaluar y gestionar los riesgos a los que un individuo o una empresa está expuesta. Este análisis es esencial tanto para la adquisición de seguros como para la toma de decisiones de inversión, ya que proporciona un marco para entender las posibles amenazas y oportunidades que pueden afectar los objetivos financieros.

5.1.1 ¿Qué es el Análisis de Riesgos?

El análisis de riesgos implica un examen detallado de las situaciones potencialmente adversas que pueden impactar la vida financiera de una persona o de una organización. El proceso generalmente incluye:

1. **Identificación de Riesgos**: Determinar qué tipos de riesgos existen y cuáles son más relevantes según las circunstancias individuales.
2. **Evaluación de Riesgos**: Valorar la probabilidad de que cada riesgo ocurra y el impacto que tendría si se materializa.
3. **Priorización de Riesgos**: Clasificar los riesgos según su gravedad y la probabilidad de ocurrencia, para concentrarse en los más significativos.
4. **Estrategias de Mitigación**: Desarrollar planes para minimizar la exposición a los riesgos identificados.

5.1.2 Tipos de Riesgos

Los riesgos pueden clasificarse en diferentes categorías, cada una con sus propias características y consideraciones. Algunas de las categorías más comunes son:

1. **Riesgos Personales**:
   - ○ **Descripción**: Se refieren a los riesgos que afectan directamente a la salud y bienestar de una persona.
   - ○ **Ejemplos**: Enfermedades, accidentes, discapacidad, y fallecimiento.

2. **Riesgos Financieros**:
   - ○ **Descripción**: Involucran la posibilidad de perder dinero o no alcanzar los objetivos financieros deseados.
   - ○ **Ejemplos**: Pérdidas en inversiones, impagos de deudas, fluctuaciones en tipos de interés y tasas de cambio.

3. **Riesgos de Propiedad**:
   - ○ **Descripción**: Se relacionan con la pérdida o daño a activos tangibles.
   - ○ **Ejemplos**: Incendios, robos, daños por desastres naturales (inundaciones, terremotos).

4. **Riesgos de Responsabilidad Civil**:
   - ○ **Descripción**: Se refieren a la posibilidad de que un individuo o una empresa sea considerado responsable por daños o lesiones a terceros.
   - ○ **Ejemplos**: Accidentes en la propiedad, reclamaciones por daños personales.

5. **Riesgos Operativos**:

- **Descripción**: Estos riesgos están relacionados con fallos en los procesos internos, sistemas o controles.
- **Ejemplos**: Errores humanos, fallos tecnológicos, fraudes.

5.1.3 Proceso de Análisis de Riesgos

El análisis de riesgos puede llevarse a cabo mediante los siguientes pasos:

1. **Recopilación de Información**:
   - Reunir datos relevantes sobre la situación financiera, la salud, los activos y los pasivos. Esto puede incluir estados financieros, pólizas de seguro existentes y detalles sobre el patrimonio.

2. **Identificación de Riesgos**:
   - A través de entrevistas, cuestionarios y revisiones de documentos, se identifican los riesgos potenciales que pueden impactar al individuo o la organización.

3. **Evaluación de Riesgos**:
   - Utilizar métodos cualitativos y cuantitativos para evaluar cada riesgo en términos de su probabilidad de ocurrencia y el impacto potencial. Esto puede implicar el uso de matrices de riesgo, análisis de escenarios y modelos estadísticos.

4. **Priorización de Riesgos**:

   ○ Clasificar los riesgos en función de su significancia. Esto ayuda a determinar cuáles deben ser abordados primero. Se pueden utilizar escalas de evaluación para clasificar los riesgos de bajos a altos.

5. **Desarrollo de Estrategias de Mitigación**:

   ○ Identificar y planificar acciones para minimizar la exposición a los riesgos. Las estrategias pueden incluir la compra de seguros, la implementación de controles internos, la diversificación de inversiones y la creación de un fondo de emergencia.

6. **Monitoreo y Revisión**:

   ○ Establecer un proceso continuo para revisar y actualizar el análisis de riesgos. Las condiciones pueden cambiar, lo que requiere ajustes en las estrategias de mitigación.

5.1.4 Herramientas y Técnicas para el Análisis de Riesgos

Existen varias herramientas y técnicas que pueden facilitar el análisis de riesgos, incluyendo:

1. **Matrices de Riesgo**:

o Herramientas visuales que permiten evaluar y priorizar riesgos en función de su probabilidad e impacto.

2. **Análisis FODA (SWOT)**:

o Evaluar las Fortalezas, Oportunidades, Debilidades y Amenazas para comprender mejor los riesgos internos y externos.

3. **Modelos de Simulación**:

o Utilizar modelos estadísticos y de simulación para prever el comportamiento de las inversiones y los riesgos asociados.

4. **Software de Gestión de Riesgos**:

o Programas especializados que ayudan a gestionar y evaluar riesgos, permitiendo un análisis más exhaustivo y en tiempo real.

5.1.5 Importancia del Análisis de Riesgos

Realizar un análisis de riesgos es esencial por varias razones:

1. **Mejora la Toma de Decisiones**:

o Proporciona una base sólida para la toma de decisiones informadas en materia de seguros e inversiones.

2. **Protección Financiera**:

- Ayuda a identificar las áreas donde se necesita cobertura de seguros, protegiendo así el patrimonio personal y empresarial.

3. **Preparación ante Contingencias**:
   - Permite a los individuos y organizaciones estar mejor preparados para afrontar eventos adversos y mitigar sus efectos.

4. **Optimización de Recursos**:
   - Facilita la asignación eficiente de recursos al identificar y priorizar riesgos críticos, evitando gastos innecesarios.

5.1.6 Conclusión

El análisis de riesgos es una herramienta fundamental para la gestión financiera, que permite identificar y abordar las amenazas potenciales que pueden impactar la vida personal y financiera de un individuo o una empresa. A través de una evaluación sistemática de riesgos, los inversores y tomadores de decisiones pueden desarrollar estrategias efectivas para proteger sus activos, optimizar sus inversiones y asegurarse de que están adecuadamente cubiertos ante imprevistos. Al incorporar un análisis de riesgos en la planificación financiera, se crea una base sólida para un futuro más seguro y estable.

5.2 Determinación de Objetivos Financieros

La determinación de objetivos financieros es un paso crucial en la planificación financiera que permite a individuos y organizaciones establecer metas claras y alcanzables. Estos objetivos no solo guían las decisiones de inversión y ahorro, sino que también ayudan a priorizar acciones y recursos. A continuación, se detallan los aspectos clave en la determinación de objetivos financieros.

5.2.1 ¿Qué son los Objetivos Financieros?

Los objetivos financieros son metas específicas que una persona o una organización desea alcanzar en relación con su situación económica. Estos pueden abarcar una amplia gama de aspiraciones, desde la compra de una casa hasta la planificación de la jubilación, y pueden clasificarse en diferentes categorías según su horizonte temporal y naturaleza.

5.2.1.1 Clasificación de Objetivos Financieros

1. **Objetivos a Corto Plazo**:

- o **Descripción**: Metas que se pueden alcanzar en un período de tiempo relativamente breve, generalmente menos de un año.
- o **Ejemplos**: Ahorrar para unas vacaciones, comprar un electrodoméstico, o pagar deudas de consumo.

2. **Objetivos a Mediano Plazo**:
   - o **Descripción**: Metas que requieren más tiempo para alcanzarse, típicamente entre uno y cinco años.
   - o **Ejemplos**: Ahorrar para el pago inicial de una casa, financiar la educación de los hijos o adquirir un vehículo.

3. **Objetivos a Largo Plazo**:
   - o **Descripción**: Metas que se extienden más allá de cinco años y a menudo requieren una planificación más exhaustiva.
   - o **Ejemplos**: Planificar la jubilación, acumular un patrimonio significativo, o dejar un legado para futuras generaciones.

5.2.2 La Importancia de Definir Objetivos Financieros

Definir objetivos financieros claros es fundamental por varias razones:

1. **Proporciona Enfoque y Direccionalidad**:

- Tener objetivos claros ayuda a enfocar las decisiones financieras en un camino definido, lo que facilita la gestión del tiempo y los recursos.

2. **Facilita la Planificación**:
   - Los objetivos permiten establecer planes concretos de ahorro e inversión que se alineen con las metas personales y familiares.

3. **Motivación y Compromiso**:
   - Establecer metas tangibles genera un sentido de propósito y motivación, lo que puede aumentar la disciplina financiera.

4. **Medición del Progreso**:
   - Al tener objetivos definidos, es posible evaluar el progreso y realizar ajustes en la estrategia financiera si es necesario.

5. **Gestión de Riesgos**:
   - La claridad en los objetivos financieros permite identificar y gestionar los riesgos asociados con la planificación y la inversión.

5.2.3 Proceso para Determinar Objetivos Financieros

La determinación de objetivos financieros implica un proceso estructurado que puede dividirse en varias etapas:

1. **Autoevaluación**:

- o Reflexionar sobre la situación financiera actual, incluyendo ingresos, gastos, deudas y ahorros. Esto proporciona una base para entender qué se necesita para alcanzar los objetivos.

2. **Identificación de Metas**:

- o Hacer una lista de las metas financieras que se consideran importantes. Esto puede incluir objetivos a corto, mediano y largo plazo.

3. **Establecimiento de Prioridades**:

- o Evaluar cuáles objetivos son más urgentes o importantes y clasificarlos en un orden de prioridad. Esto ayudará a decidir en qué metas concentrarse primero.

4. **Definición de Objetivos Específicos y Medibles**:

- o Los objetivos deben ser específicos, medibles, alcanzables, relevantes y limitados en el tiempo (SMART). Por ejemplo, "Ahorrar $10,000 para un viaje en tres años" es más efectivo que simplemente decir "Ahorrar dinero para viajar".

5. **Creación de un Plan de Acción**:

- o Desarrollar un plan detallado que describa cómo se alcanzarán los objetivos, incluyendo el monto a ahorrar mensualmente y las inversiones a considerar.

6. **Revisión y Ajuste Regular**:

- Evaluar periódicamente el progreso hacia los objetivos y realizar ajustes según sea necesario. La vida puede presentar cambios imprevistos que requieran adaptaciones en el plan financiero.

5.2.4 Herramientas para la Determinación de Objetivos Financieros

Existen varias herramientas y recursos que pueden ayudar en la determinación y seguimiento de los objetivos financieros:

1. **Hojas de Cálculo**:
   - Utilizar hojas de cálculo para planificar y hacer un seguimiento de los ahorros, gastos y progreso hacia los objetivos.

2. **Aplicaciones Financieras**:
   - Existen diversas aplicaciones que permiten gestionar finanzas personales, calcular el ahorro necesario y establecer recordatorios para el cumplimiento de metas.

3. **Asesoramiento Financiero**:
   - Consultar a un asesor financiero puede ser beneficioso para obtener orientación sobre cómo establecer y alcanzar objetivos financieros.

4. **Calculadoras Financieras en Línea**:

o Herramientas en línea que permiten calcular el impacto de diferentes planes de ahorro e inversión sobre los objetivos financieros.

5.2.5 Ejemplos de Objetivos Financieros

A continuación, se presentan ejemplos de objetivos financieros que pueden guiar a una persona o familia:

1. **Objetivos a Corto Plazo**:
   o Ahorrar $1,500 en seis meses para unas vacaciones familiares.
   o Pagar la totalidad de una tarjeta de crédito en los próximos tres meses.

2. **Objetivos a Mediano Plazo**:
   o Ahorrar $20,000 en cinco años para el pago inicial de una vivienda.
   o Financiar la educación universitaria de un hijo con un ahorro de $15,000 en diez años.

3. **Objetivos a Largo Plazo**:
   o Acumular un fondo de jubilación de $500,000 en 30 años.
   o Crear un legado para los nietos, ahorrando $100,000 en 20 años.

5.2.6 Conclusión

La determinación de objetivos financieros es un componente esencial de la planificación financiera efectiva. Al establecer metas claras y alcanzables, los individuos y organizaciones pueden dirigir sus esfuerzos hacia la construcción de un futuro financiero seguro y próspero. Un enfoque sistemático y bien definido para la fijación de objetivos no solo ayuda a alcanzar las metas deseadas, sino que también proporciona un sentido de control y dirección en la gestión de las finanzas personales.

5.3 Perfil del Inversor

El perfil del inversor es un concepto fundamental en el ámbito de las finanzas que permite entender las características, preferencias y circunstancias de un individuo o entidad al momento de tomar decisiones de inversión. Definir el perfil del inversor no solo ayuda a seleccionar productos financieros adecuados, sino que también facilita la gestión de riesgos y la alineación de las inversiones con los objetivos financieros del inversor. Este proceso implica un análisis detallado que se enfoca en varios aspectos clave.

5.3.1 ¿Qué es el Perfil del Inversor?

El perfil del inversor es un conjunto de características que define la actitud, la capacidad y la disposición de un individuo o una entidad para invertir en diferentes instrumentos financieros. Esto incluye aspectos como la tolerancia al riesgo, el horizonte temporal de las inversiones, los objetivos financieros, la situación financiera y el conocimiento sobre productos de inversión.

5.3.1.1 Componentes del Perfil del Inversor

1. **Tolerancia al Riesgo**:
   - Se refiere a la capacidad emocional y financiera del inversor para asumir pérdidas en sus inversiones. La tolerancia al riesgo puede variar significativamente entre individuos, desde aquellos que son conservadores y prefieren inversiones seguras, hasta aquellos que son más agresivos y están dispuestos a asumir riesgos elevados en busca de mayores retornos.

2. **Horizonte Temporal**:
   - El horizonte temporal es el período durante el cual el inversor planea mantener sus inversiones antes de necesitar acceder a los fondos. Los inversores a corto plazo pueden buscar liquidez y estabilidad, mientras que aquellos con un

horizonte a largo plazo pueden estar más dispuestos a asumir riesgos en busca de rendimientos más altos.

3. **Situación Financiera**:

   o Comprende el análisis de los ingresos, gastos, activos y pasivos del inversor. Una situación financiera sólida puede permitir a un inversor asumir más riesgos, mientras que una situación financiera precaria puede requerir un enfoque más conservador.

4. **Objetivos Financieros**:

   o Los objetivos específicos del inversor, como la compra de una vivienda, la educación de los hijos, la jubilación o la creación de un fondo de emergencia, también influyen en su perfil de inversión. Los objetivos a corto plazo pueden requerir diferentes estrategias en comparación con los objetivos a largo plazo.

5. **Conocimiento y Experiencia**:

   o El nivel de conocimiento y experiencia del inversor en el mundo de las inversiones también es un factor determinante. Un inversor experimentado puede estar más cómodo con productos complejos y estrategias de inversión avanzadas, mientras que un inversor novato puede preferir opciones más simples y seguras.

5.3.2 La Importancia del Perfil del Inversor

Definir el perfil del inversor es crucial por varias razones:

1. **Selección de Productos**:
    - Conocer el perfil del inversor ayuda a seleccionar productos financieros que se alineen con sus características y necesidades, garantizando así una mejor experiencia de inversión.

2. **Gestión del Riesgo**:
    - Comprender la tolerancia al riesgo permite diseñar una cartera de inversiones que se ajuste al nivel de riesgo que el inversor está dispuesto a asumir, evitando situaciones de estrés y descontento.

3. **Alineación con Objetivos**:
    - Al establecer un perfil claro, los inversores pueden asegurar que sus inversiones estén en línea con sus objetivos financieros a corto, mediano y largo plazo.

4. **Educación Financiera**:
    - La evaluación del perfil del inversor puede también resaltar áreas donde el inversor podría beneficiarse de más educación y asesoramiento,

lo que puede llevar a decisiones más informadas y estratégicas.

5.3.3 Proceso para Definir el Perfil del Inversor

El proceso para definir el perfil del inversor generalmente incluye las siguientes etapas:

1. **Cuestionarios de Evaluación**:
   - Muchas instituciones financieras utilizan cuestionarios estandarizados que ayudan a determinar la tolerancia al riesgo, el horizonte temporal, la situación financiera y otros aspectos relevantes del inversor.

2. **Entrevistas Personales**:
   - La interacción cara a cara con un asesor financiero puede proporcionar información valiosa sobre la personalidad del inversor, sus preocupaciones y motivaciones.

3. **Revisión de Documentación Financiera**:
   - Analizar la documentación financiera del inversor, como estados de cuenta, declaraciones de impuestos y presupuestos, ayuda a entender mejor su situación financiera y sus capacidades de inversión.

4. **Análisis de Mercado**:

- o Evaluar las tendencias del mercado y el contexto económico en el que se encuentra el inversor puede proporcionar una perspectiva adicional sobre cómo sus decisiones de inversión podrían verse afectadas.

5.3.4 Tipos de Perfiles de Inversor

Los perfiles de inversor se pueden clasificar en diferentes categorías, que generalmente incluyen:

1. **Inversor Conservador**:
   - o **Características**: Prefiere inversiones de bajo riesgo, busca estabilidad y protección del capital, y está dispuesto a aceptar rendimientos más bajos a cambio de menor volatilidad.
   - o **Productos Recomendados**: Bonos, depósitos a plazo, fondos de inversión de renta fija.
2. **Inversor Moderado**:
   - o **Características**: Tiene una tolerancia al riesgo intermedia, busca un equilibrio entre riesgo y rendimiento, y puede diversificar su cartera con una mezcla de activos de renta fija y variable.
   - o **Productos Recomendados**: Fondos de inversión balanceados, acciones de empresas consolidadas, bienes raíces.
3. **Inversor Agresivo**:

- **Características**: Está dispuesto a asumir altos niveles de riesgo en busca de mayores retornos, invierte a largo plazo y es menos sensible a las fluctuaciones del mercado.
- **Productos Recomendados**: Acciones de crecimiento, fondos de inversión de renta variable, criptomonedas.

4. **Inversor Especulador**:

- **Características**: Busca obtener beneficios a corto plazo mediante la compra y venta rápida de activos, tolera una alta volatilidad y se siente cómodo con estrategias de inversión arriesgadas.
- **Productos Recomendados**: Opciones, futuros, acciones de empresas emergentes.

5.3.5 Herramientas para Evaluar el Perfil del Inversor

Existen diversas herramientas que pueden facilitar la evaluación del perfil del inversor:

1. **Cuestionarios de Tolerancia al Riesgo**:
   - Herramientas diseñadas para evaluar la actitud del inversor hacia el riesgo y la volatilidad.
2. **Calculadoras Financieras**:
   - Aplicaciones que permiten simular diferentes escenarios de inversión y cómo se ajustan al perfil del inversor.

3. **Software de Gestión de Carteras**:
   - Programas que ayudan a los inversores a rastrear su rendimiento y ajustar su cartera en función de su perfil.
4. **Consultas con Asesores Financieros**:
   - La ayuda de un profesional puede proporcionar una visión más profunda y personalizada sobre el perfil del inversor.

5.3.6 Conclusión

El perfil del inversor es un elemento clave en la planificación y gestión de inversiones. Al comprender las características y preferencias individuales, los inversores pueden tomar decisiones más informadas, seleccionar productos adecuados y desarrollar estrategias que se alineen con sus objetivos financieros. Evaluar regularmente el perfil del inversor es esencial, ya que las circunstancias personales, las condiciones del mercado y los objetivos pueden cambiar con el tiempo, lo que requiere ajustes en la estrategia de inversión. Con un perfil bien definido, los inversores están mejor preparados para enfrentar los desafíos del mercado y alcanzar sus metas financieras de manera efectiva.

6.1 Legislación sobre Seguros

La legislación sobre seguros es un conjunto de normas y regulaciones que rigen la creación, operación y supervisión de las entidades aseguradoras y los contratos de seguros. Estas leyes están diseñadas para proteger tanto a los asegurados como a las aseguradoras, garantizando la transparencia, la equidad y la estabilidad en el mercado de seguros. La legislación sobre seguros puede variar significativamente de un país a otro, pero en general, incluye aspectos fundamentales que son comunes en la mayoría de las jurisdicciones.

6.1.1 Importancia de la Legislación sobre Seguros

La legislación en el ámbito de los seguros cumple varias funciones cruciales:

1. **Protección del Consumidor**:
   - Asegura que los derechos de los asegurados estén protegidos, garantizando que las pólizas sean claras, justas y se cumplan en caso de siniestro.

2. **Estabilidad del Mercado**:
   - Promueve la estabilidad y solvencia de las compañías de seguros, evitando prácticas desleales y el colapso de entidades

aseguradoras que podrían afectar a los consumidores.

3. **Regulación de Prácticas Comerciales**:

   o Establece normas sobre la comercialización de productos de seguros, garantizando que se sigan prácticas éticas y transparentes.

4. **Supervisión y Control**:

   o Facilita la supervisión por parte de autoridades regulatorias, asegurando que las compañías de seguros cumplan con los requisitos legales y operen de manera responsable.

6.1.2 Tipos de Legislación sobre Seguros

La legislación sobre seguros puede clasificarse en varias categorías, que incluyen:

1. **Legislación General sobre Seguros**:

   o Normas que regulan la actividad aseguradora en general, estableciendo los principios básicos que rigen el funcionamiento de las aseguradoras y la relación con los asegurados.

2. **Legislación Específica**:

   o Normas que abordan situaciones particulares o tipos específicos de seguros, como seguros de vida, salud, automóviles, entre otros.

3. **Legislación sobre Solvencia y Capital**:

- Requisitos relacionados con el capital mínimo que deben mantener las aseguradoras para operar y cumplir con sus obligaciones frente a los asegurados.

4. **Legislación sobre Intermediarios de Seguros**:
   - Normas que regulan la actividad de agentes y corredores de seguros, estableciendo requisitos de licencia, formación y conducta.

5. **Legislación de Protección al Consumidor**:
   - Normas diseñadas para proteger a los consumidores en sus interacciones con las aseguradoras, garantizando la claridad de las pólizas y la información proporcionada.

6.1.3 Principios Fundamentales de la Legislación sobre Seguros

La legislación sobre seguros se basa en varios principios fundamentales que guían su aplicación y desarrollo:

1. **Principio de Buena Fe**:
   - Las partes involucradas en un contrato de seguros deben actuar con honestidad y transparencia. Tanto el asegurado como la aseguradora deben proporcionar información veraz y completa.

2. **Principio de Indemnización**:

- El propósito del seguro es indemnizar al asegurado por pérdidas sufridas, restableciendo su situación financiera a un estado similar al que tenía antes del siniestro, sin permitir que obtenga beneficios.

3. **Principio de Equilibrio de Riesgos**:
   - La ley busca equilibrar los riesgos entre los asegurados y las aseguradoras, asegurando que las primas sean proporcionales al nivel de riesgo asumido por la compañía.

4. **Principio de Divulgación**:
   - Los asegurados tienen el derecho de recibir información completa y comprensible sobre las pólizas de seguros, y las aseguradoras están obligadas a revelar todos los términos y condiciones relevantes.

5. **Principio de Proporcionalidad**:
   - Las obligaciones de la aseguradora deben ser proporcionales al monto de la prima pagada y al nivel de riesgo asumido.

6.1.4 Autoridades Reguladoras en el Sector de Seguros

La regulación del sector asegurador generalmente recae en entidades gubernamentales o agencias reguladoras que supervisan y controlan las actividades de las aseguradoras. Las funciones de estas autoridades incluyen:

1. **Emisión de Licencias**:
   - Las autoridades reguladoras emiten licencias a las compañías de seguros para operar en el mercado, asegurando que cumplan con los requisitos establecidos.

2. **Supervisión Financiera**:
   - Monitorean la situación financiera de las aseguradoras, evaluando su solvencia y capacidad para cumplir con las obligaciones hacia los asegurados.

3. **Protección al Consumidor**:
   - Garantizan que los derechos de los consumidores estén protegidos, atendiendo quejas y promoviendo prácticas comerciales justas.

4. **Establecimiento de Normas**:
   - Desarrollan y actualizan las normativas que rigen la operación de las compañías de seguros, adaptándose a los cambios en el entorno económico y social.

6.1.5 Ejemplos de Legislación sobre Seguros

A continuación, se presentan ejemplos de legislaciones sobre seguros en diferentes países:

1. **Ley de Seguros (Estados Unidos)**:
   - Cada estado tiene su propia legislación sobre seguros, que regula la creación y operación de compañías de seguros, la relación con los consumidores y los requisitos de solvencia.

2. **Ley de Supervisión de Seguros (Unión Europea)**:
   - Establece un marco regulatorio para las compañías de seguros que operan en la UE, asegurando la protección del consumidor y la estabilidad del mercado.

3. **Ley de Protección de los Consumidores de Seguros (México)**:
   - Protege a los asegurados y establece normas sobre la comercialización y el cumplimiento de los contratos de seguros.

6.1.6 Conclusiones

La legislación sobre seguros es esencial para el funcionamiento eficiente y justo del mercado de seguros. Proporciona un marco regulatorio que protege a los consumidores, promueve la estabilidad de las aseguradoras y asegura prácticas comerciales equitativas. La comprensión de estas leyes y regulaciones es crucial para todos los actores del sector, incluidos los asegurados, las compañías de seguros y los intermediarios, ya que garantiza que se respeten los derechos y las obligaciones en el ámbito asegurador. Con el constante cambio en el entorno económico y social, la legislación sobre seguros seguirá evolucionando para abordar nuevos desafíos y necesidades.

6.2 Regulación de Productos de Inversión

La regulación de productos de inversión es fundamental para asegurar que el mercado financiero funcione de manera justa, transparente y eficiente. Estas regulaciones son necesarias para proteger a los inversores, garantizar la estabilidad financiera y promover la confianza en los mercados. En este contexto, las leyes y normativas que rigen los productos de inversión varían significativamente de un país a otro, pero comparten principios comunes diseñados para salvaguardar tanto a los inversores individuales como a las instituciones financieras.

6.2.1 Importancia de la Regulación de Productos de Inversión

La regulación de productos de inversión desempeña un papel crucial en el funcionamiento del sistema financiero y tiene varias funciones clave:

1. **Protección del Inversor**:
   - La principal finalidad de la regulación es proteger a los inversores de fraudes, prácticas engañosas y riesgos innecesarios. Las normativas obligan a las instituciones a proporcionar información clara y precisa sobre los productos ofrecidos, facilitando la toma de decisiones informadas.

2. **Transparencia en el Mercado**:
   - La regulación establece requisitos de divulgación que las entidades financieras deben cumplir, asegurando que la información sobre los productos de inversión sea accesible y comprensible para los inversores. Esto fomenta un entorno de mercado más transparente y competitivo.

3. **Estabilidad Financiera**:
   - Las regulaciones están diseñadas para promover la estabilidad del sistema financiero, evitando que las instituciones tomen riesgos excesivos que

puedan resultar en crisis financieras. Esto se logra mediante la supervisión y el establecimiento de límites sobre ciertos productos y prácticas.

4. **Fomento de la Confianza**:

- o Una regulación efectiva aumenta la confianza de los inversores en el sistema financiero. Cuando los inversores sienten que están protegidos por un marco regulador robusto, es más probable que participen en el mercado, lo que a su vez estimula la inversión y el crecimiento económico.

6.2.2 Tipos de Productos de Inversión Regulado

La regulación abarca una amplia gama de productos de inversión, incluyendo, pero no limitándose a:

1. **Acciones**:

- o Las leyes reguladoras establecen normas sobre la emisión y negociación de acciones, incluyendo la divulgación de información financiera, la presentación de informes y la protección de los derechos de los accionistas.

2. **Bonos**:

- o Los bonos están sujetos a regulaciones que exigen la divulgación de riesgos, tasas de interés y condiciones de pago, así como la supervisión de las entidades que emiten bonos para asegurar su solvencia.

3. **Fondos de Inversión**:
   - Los fondos de inversión están regulados para proteger a los inversores a través de requisitos de transparencia y la obligación de proporcionar informes periódicos sobre el rendimiento y la gestión de los fondos.

4. **Productos Derivados**:
   - La regulación de productos derivados, como opciones y futuros, es crítica debido a su complejidad y el alto riesgo asociado. Las autoridades reguladoras establecen normas sobre la negociación y el uso de estos productos para mitigar riesgos sistémicos.

5. **Criptomonedas y Activos Digitales**:
   - Con el auge de las criptomonedas, muchas jurisdicciones están desarrollando marcos regulatorios específicos para abordar los riesgos y desafíos asociados con estos activos, asegurando la protección del consumidor y la integridad del mercado.

El marco regulatorio de productos de inversión se basa en varias leyes y normativas que pueden incluir:

1. **Leyes de Valores**:
   - Estas leyes establecen los principios básicos de cómo se deben emitir y negociar los valores en los mercados financieros. Incluyen disposiciones sobre la inscripción, divulgación de información y prácticas comerciales.

2. **Regulaciones de la Autoridad de Supervisión Financiera**:
   - Cada país cuenta con una autoridad reguladora que supervisa y regula el sector financiero. Estas autoridades son responsables de la emisión de licencias, la supervisión de las instituciones financieras y la implementación de normas de conducta.

3. **Normativas Internacionales**:
   - Existen normativas a nivel internacional, como los principios de la Organización Internacional de Comisiones de Valores (IOSCO), que buscan fomentar la cooperación entre reguladores y establecer estándares globales en la regulación de mercados de valores.

4. **Regulaciones Anti-Lavado de Dinero (AML)**:
   - Estas regulaciones son fundamentales para prevenir el uso de productos de inversión para actividades ilegales. Las instituciones deben implementar políticas y procedimientos para detectar y reportar actividades sospechosas.

5. **Regulaciones de Protección al Consumidor**:
   - Normas diseñadas para garantizar que los productos de inversión se comercialicen de manera justa y que los inversores reciban la información necesaria para tomar decisiones informadas.

6.2.4 Desafíos en la Regulación de Productos de Inversión

A pesar de la importancia de la regulación, existen varios desafíos en su implementación y supervisión:

1. **Innovación Financiera**:
   - El rápido desarrollo de nuevos productos financieros, especialmente en el ámbito de la tecnología financiera (fintech) y las criptomonedas, presenta dificultades para las regulaciones existentes, que a menudo quedan rezagadas respecto a la innovación.

2. **Globalización del Mercado**:

o La naturaleza global de los mercados financieros complica la regulación, ya que los inversores pueden acceder a productos de inversión en diferentes jurisdicciones, lo que puede crear lagunas regulatorias y riesgos para los consumidores.

3. **Cumplimiento Normativo**:

o Asegurar que todas las instituciones financieras cumplan con las regulaciones es un desafío constante. Las empresas pueden buscar formas de evadir regulaciones, lo que requiere una supervisión proactiva y efectiva.

4. **Educación Financiera**:

o A menudo, los inversores carecen de la educación financiera necesaria para comprender los productos de inversión complejos. Esto puede llevar a decisiones mal informadas y al riesgo de pérdida de capital.

6.2.5 Conclusiones

La regulación de productos de inversión es un componente vital del sistema financiero, diseñado para proteger a los inversores y fomentar un entorno de mercado justo y transparente. Las leyes y normativas que rigen estos productos deben evolucionar para adaptarse a los cambios en el mercado, la tecnología y las necesidades de los inversores. Con un marco regulatorio sólido y efectivo, se puede asegurar la integridad del mercado y promover la confianza de los inversores, lo que es esencial para el crecimiento económico sostenible.

6.3 Protección al Consumidor

La protección al consumidor en el ámbito de seguros y productos de inversión es un componente esencial del marco regulatorio que busca salvaguardar los derechos e intereses de los consumidores. Este ámbito de regulación tiene como objetivo asegurar que los consumidores reciban información clara y precisa sobre los productos, que tengan acceso a mecanismos de resolución de disputas y que estén protegidos de prácticas comerciales engañosas. Dada la complejidad de muchos productos financieros, la protección al consumidor es fundamental para fomentar la confianza y la participación en el mercado.

6.3.1 Importancia de la Protección al Consumidor

La protección del consumidor desempeña varias funciones clave:

1. **Empoderamiento del Consumidor**:
   - Proporciona a los consumidores la información y herramientas necesarias para tomar decisiones informadas sobre productos de seguros e inversión, lo que les permite seleccionar opciones que mejor se adapten a sus necesidades y objetivos.

2. **Prevención de Fraudes y Abusos**:
   - Las regulaciones diseñadas para proteger al consumidor ayudan a prevenir prácticas fraudulentas y engañosas por parte de las empresas. Esto es especialmente importante en un sector donde la complejidad de los productos puede dificultar la comprensión por parte de los consumidores.

3. **Fomento de la Confianza**:
   - Un marco de protección robusto aumenta la confianza de los consumidores en el mercado financiero. Cuando los consumidores saben que están protegidos, es más probable que se involucren en la compra de productos de seguros e inversión.

4. **Mejora de la Competitividad**:
   - La protección al consumidor fomenta un entorno de mercado competitivo, donde las empresas

deben ofrecer productos y servicios de calidad para atraer y retener clientes. Esto también promueve la innovación en el desarrollo de productos.

6.3.2 Principios Fundamentales de la Protección al Consumidor

Los principios que guían la protección al consumidor en el ámbito de seguros y productos de inversión incluyen:

1. **Divulgación Clara y Completa**:
   - Las empresas deben proporcionar información clara y comprensible sobre los productos, incluidos los términos y condiciones, costos, riesgos asociados y beneficios. Esto permite a los consumidores evaluar adecuadamente lo que están comprando.

2. **Acceso a Mecanismos de Resolución de Conflictos**:
   - Los consumidores deben tener acceso a procesos efectivos de resolución de disputas que les permitan presentar quejas y recibir respuestas adecuadas. Esto puede incluir mediación, arbitraje y otros mecanismos de resolución.

3. **Prohibición de Prácticas Engañosas**:

- Las regulaciones deben prohibir explícitamente prácticas comerciales engañosas, como publicidad falsa, omisiones significativas de información y tácticas de venta agresivas.

4. **Protección de Datos Personales**:
   - Los consumidores deben estar protegidos en cuanto a la recopilación y el uso de sus datos personales. Las empresas deben garantizar la confidencialidad y la seguridad de la información proporcionada por los consumidores.

5. **Educación Financiera**:
   - Fomentar la educación financiera es fundamental para empoderar a los consumidores. Esto incluye programas de educación que expliquen cómo funcionan los productos de seguros e inversión, así como los riesgos y beneficios asociados.

6.3.3 Mecanismos de Protección al Consumidor

Los siguientes mecanismos se implementan para garantizar la protección del consumidor:

1. **Regulaciones Gubernamentales**:
   - Las leyes y regulaciones nacionales y locales establecen los requisitos que deben cumplir las empresas en la comercialización y venta de productos financieros. Estas regulaciones están

diseñadas para proteger los derechos de los consumidores y prevenir prácticas desleales.

2. **Agencias Reguladoras**:

   o En muchos países, existen agencias gubernamentales encargadas de supervisar el cumplimiento de las regulaciones de protección al consumidor. Estas agencias tienen la autoridad para investigar quejas, imponer sanciones y garantizar que las empresas cumplan con las leyes establecidas.

3. **Organizaciones de Defensa del Consumidor**:

   o Estas organizaciones no gubernamentales representan los intereses de los consumidores, ofreciendo información, asesoramiento y recursos sobre productos de seguros e inversión. También pueden ayudar a los consumidores a presentar quejas y abogar por mejores prácticas en la industria.

4. **Códigos de Conducta de la Industria**:

   o Muchas asociaciones de la industria de seguros y financieros desarrollan códigos de conducta que establecen normas éticas y de conducta para sus miembros. Estos códigos complementan las regulaciones gubernamentales y fomentan un comportamiento responsable en el sector.

5. **Educación y Capacitación**:
   - o La promoción de programas de educación financiera a través de instituciones educativas, organizaciones comunitarias y empresas ayuda a los consumidores a desarrollar habilidades y conocimientos que les permitan tomar decisiones informadas.

6.3.4 Desafíos en la Protección al Consumidor

A pesar de la existencia de marcos regulatorios, la protección al consumidor enfrenta varios desafíos:

1. **Complejidad de los Productos**:
   - o La diversidad y complejidad de los productos de seguros e inversión pueden dificultar la comprensión por parte de los consumidores. Esto puede llevar a decisiones mal informadas y a la falta de protección adecuada.

2. **Acceso Limitado a la Información**:
   - o En algunos casos, los consumidores no tienen acceso a información completa o comprensible sobre los productos, lo que puede limitar su capacidad para tomar decisiones informadas.

3. **Evolución de la Tecnología**:
   - o La rápida evolución de la tecnología financiera (fintech) presenta desafíos para la regulación y

protección del consumidor, ya que surgen nuevos productos y servicios que pueden no estar adecuadamente regulados.

4. **Desigualdades en la Educación Financiera**:
   - ○ La falta de educación financiera en ciertos segmentos de la población puede aumentar la vulnerabilidad de los consumidores y su exposición a riesgos financieros.

5. **Dificultades en la Resolución de Conflictos**:
   - ○ Algunos consumidores pueden encontrar complicado o ineficaz el acceso a mecanismos de resolución de conflictos, lo que puede desincentivar la presentación de quejas o reclamaciones.

6.3.5 Conclusiones

La protección al consumidor en el ámbito de seguros y productos de inversión es vital para el buen funcionamiento del mercado financiero. Un marco regulatorio sólido, respaldado por prácticas comerciales éticas y mecanismos efectivos de resolución de conflictos, es fundamental para salvaguardar los derechos de los consumidores. La educación financiera y la divulgación de información clara son componentes clave para empoderar a los consumidores y fomentar su participación informada en el mercado. A medida que el sector financiero continúa evolucionando, es esencial que las regulaciones se adapten para enfrentar los nuevos desafíos y asegurar una protección adecuada para todos los consumidores.

7.1 Inversión a Largo Plazo vs. Corto Plazo

La elección entre invertir a largo plazo o a corto plazo es una decisión fundamental que influye en la estrategia financiera de cualquier inversor. Ambas aproximaciones tienen características, ventajas y desventajas distintas, y la elección adecuada depende de factores como los objetivos financieros, el horizonte temporal, la tolerancia al riesgo y las condiciones del mercado. Esta sección explorará en profundidad las diferencias entre las inversiones a corto y largo plazo, así como las estrategias asociadas a cada una.

7.1.1 Definición de Inversión a Largo Plazo

La inversión a largo plazo se refiere a la compra de activos financieros con la intención de mantenerlos durante un periodo prolongado, generalmente de varios años a varias décadas. Este enfoque se basa en la premisa de que, a lo largo del tiempo, el valor de los activos tiende a aumentar, lo que permite a los inversores beneficiarse de la apreciación del capital y, en muchos casos, de los ingresos pasivos generados por estos activos.

Características Principales:

- **Horizonte Temporal**: Inversiones mantenidas por un período extenso, típicamente más de cinco años.
- **Menor Frecuencia de Transacciones**: Menos compras y ventas en comparación con las inversiones a corto plazo.
- **Menor Sensibilidad a la Volatilidad del Mercado**: Se enfoca en tendencias a largo plazo en lugar de fluctuaciones diarias o mensuales.
- **Diversificación**: A menudo implica una cartera diversificada para mitigar el riesgo.

Ejemplos de Inversiones a Largo Plazo:

- Acciones de empresas con potencial de crecimiento a largo plazo.
- Fondos de pensiones y fondos de jubilación.
- Bienes raíces, como propiedades residenciales o comerciales.
- Bonos a largo plazo emitidos por gobiernos o corporaciones.

La inversión a corto plazo implica la compra de activos financieros con la intención de venderlos o liquidarlos en un periodo breve, que puede variar desde unos pocos días hasta un par de años. Los inversores a corto plazo buscan aprovechar las fluctuaciones del mercado y las oportunidades de inversión que surgen en el corto plazo.

Características Principales:

- **Horizonte Temporal**: Inversiones mantenidas por un periodo breve, generalmente menos de cinco años.
- **Alta Frecuencia de Transacciones**: Compras y ventas frecuentes en respuesta a las condiciones del mercado.
- **Sensibilidad a la Volatilidad**: Se centra en movimientos rápidos del mercado, lo que puede conllevar un mayor riesgo.
- **Objetivo de Rentabilidad Rápida**: Busca ganancias rápidas a través de movimientos de precios a corto plazo.

Ejemplos de Inversiones a Corto Plazo:

- Acciones de alta volatilidad compradas para obtener ganancias rápidas.

- Fondos del mercado monetario y cuentas de ahorro de alto rendimiento.
- Bonos a corto plazo o letras del tesoro.
- Opciones y otros instrumentos derivados.

7.1.3 Ventajas y Desventajas de la Inversión a Largo Plazo

Ventajas:

1. **Crecimiento del Capital**: Históricamente, los activos tienden a apreciarse con el tiempo, lo que puede resultar en un crecimiento significativo del capital.

2. **Efecto Compuesto**: Las inversiones a largo plazo permiten beneficiarse del interés compuesto, donde los rendimientos se reinvierten para generar más rendimientos.

3. **Menor Estrés y Menos Toma de Decisiones**: Menos necesidad de estar constantemente atento a las fluctuaciones del mercado, lo que puede reducir la ansiedad del inversor.

4. **Beneficios Fiscales**: En muchos países, las ganancias de capital a largo plazo pueden estar sujetas a tasas impositivas más bajas en comparación con las ganancias a corto plazo.

Desventajas:

1. **Liquidez Limitada**: Los inversores a largo plazo pueden no tener acceso inmediato a su capital, lo que puede ser un problema en emergencias financieras.

2. **Riesgo de Mercado**: Aunque el mercado tiende a crecer a largo plazo, las recesiones o crisis pueden afectar el valor de las inversiones durante años.

3. **Cambios en la Estrategia**: Los objetivos y condiciones del mercado pueden cambiar, y mantener una inversión a largo plazo puede no ser siempre la mejor estrategia.

7.1.4 Ventajas y Desventajas de la Inversión a Corto Plazo

Ventajas:

1. **Acceso Rápido al Capital**: La inversión a corto plazo permite a los inversores acceder a su dinero más rápidamente, lo que puede ser útil en situaciones de emergencia.

2. **Flexibilidad**: La capacidad de ajustar rápidamente la cartera en función de las condiciones del mercado permite aprovechar oportunidades a corto plazo.

3. **Posibilidad de Altos Rendimientos Rápidos**: Con una estrategia bien planificada, es posible obtener ganancias significativas en un corto periodo.

Desventajas:

1. **Mayor Riesgo**: La inversión a corto plazo puede ser más arriesgada debido a la alta volatilidad y a la naturaleza especulativa de las decisiones de inversión.

2. **Costos de Transacción Elevados**: Las compras y ventas frecuentes pueden resultar en altos costos de transacción, lo que puede erosionar las ganancias.

3. **Tensiones Emocionales**: La necesidad de monitorear constantemente el mercado puede causar estrés y presionar a los inversores a tomar decisiones impulsivas.

7.1.5 Consideraciones para la Elección de Estrategia

Al decidir entre invertir a largo o corto plazo, los inversores deben considerar varios factores:

1. **Objetivos Financieros**: ¿Se busca acumular riqueza a largo plazo, o se necesita dinero en el corto plazo para gastos específicos?

2. **Horizonte Temporal**: ¿Cuánto tiempo se está dispuesto a mantener la inversión? Las metas de vida, como la jubilación o la compra de una casa, pueden influir en esta decisión.

3. **Tolerancia al Riesgo**: Los inversores deben evaluar su disposición a asumir riesgos. Los inversores más conservadores pueden optar por estrategias a largo

plazo, mientras que aquellos con mayor tolerancia al riesgo pueden sentirse cómodos con inversiones a corto plazo.

4. **Condiciones del Mercado**: Las condiciones económicas actuales y las proyecciones del mercado pueden influir en la decisión. Un mercado en crecimiento puede alentar inversiones a largo plazo, mientras que un mercado volátil puede ofrecer oportunidades para inversiones a corto plazo.

7.1.6 Conclusiones

La elección entre inversión a largo plazo y corto plazo es fundamental en la construcción de una cartera de inversión efectiva. Ambas estrategias tienen sus propias ventajas y desventajas, y la elección adecuada depende de los objetivos financieros, la tolerancia al riesgo y las circunstancias personales del inversor. Una comprensión clara de estas diferencias permite a los inversores tomar decisiones informadas que alineen su estrategia de inversión con sus metas financieras a largo plazo.

En muchos casos, una combinación de ambas estrategias puede ser beneficiosa, permitiendo a los inversores aprovechar las oportunidades del mercado a corto plazo mientras se benefician del crecimiento a largo plazo. Al final, el éxito en la inversión radica en una planificación cuidadosa, la educación continua y la capacidad de adaptarse a un entorno de mercado en constante cambio.

7.2 Diversificación de Inversiones

La diversificación es una estrategia fundamental en la gestión de inversiones que busca reducir el riesgo y optimizar el rendimiento. Se basa en el principio de no "poner todos los huevos en la misma canasta", lo que significa que los inversores deben distribuir sus recursos en diferentes tipos de activos, sectores y geografías. Esta sección explorará en profundidad qué es la diversificación, por qué es importante, cómo implementarla y los diferentes enfoques que pueden adoptarse.

7.2.1 Definición de Diversificación

La diversificación se refiere a la práctica de asignar inversiones en una variedad de activos con el objetivo de minimizar el riesgo total de la cartera. Al incluir activos de diferentes clases y características, los inversores pueden mitigar el impacto negativo que el rendimiento deficiente de un activo individual puede tener en el rendimiento general de la cartera. En esencia, la diversificación ayuda a equilibrar las posibles pérdidas en un área con las ganancias en otras.

7.2.2 Importancia de la Diversificación

La diversificación es crucial por varias razones:

1. **Reducción del Riesgo**: La diversificación ayuda a disminuir el riesgo no sistemático (el riesgo específico de un activo) al distribuir las inversiones en múltiples activos. Por ejemplo, si una acción en la cartera experimenta una caída, las pérdidas pueden ser compensadas por el rendimiento positivo de otras acciones o activos.

2. **Estabilidad en los Rendimientos**: Al diversificar, los inversores pueden esperar un flujo de rendimientos más estable a lo largo del tiempo, ya que las variaciones en el rendimiento de diferentes activos pueden equilibrarse entre sí.

3. **Aprovechamiento de Oportunidades**: La diversificación permite a los inversores beneficiarse de diferentes tendencias del mercado, sectores y geografías. Esto significa que pueden captar oportunidades de crecimiento en áreas que quizás no habían considerado anteriormente.

4. **Protección contra la Volatilidad**: En tiempos de incertidumbre económica o volatilidad del mercado,

una cartera diversificada puede actuar como un amortiguador, protegiendo a los inversores de grandes pérdidas.

5. **Acceso a Diferentes Fuentes de Rendimiento**: Al incluir activos con diferentes correlaciones, los inversores pueden acceder a diversas fuentes de rendimiento que pueden desempeñarse bien en diferentes condiciones del mercado.

7.2.3 Estrategias de Diversificación

Existen varias estrategias que los inversores pueden adoptar para diversificar su cartera:

1. **Diversificación por Clase de Activo**:
   - Incluir diferentes tipos de activos, como acciones, bonos, bienes raíces, materias primas y efectivo. Cada clase de activo tiene características y comportamientos diferentes en respuesta a las condiciones económicas.

2. **Diversificación por Sector**:
   - Invertir en diferentes sectores de la economía, como tecnología, salud, energía, finanzas, consumo discrecional y bienes raíces. Esto ayuda a reducir el riesgo específico asociado con un sector en particular.

3. **Diversificación Geográfica**:

- Invertir en mercados de diferentes regiones geográficas (nacional, regional e internacional). Esto puede mitigar el riesgo asociado con eventos económicos o políticos que afectan a una región específica.

4. **Diversificación Temporal**:

- Realizar inversiones en diferentes momentos para aprovechar la estrategia de promediado de costos, donde se compran activos en diferentes condiciones del mercado, reduciendo el impacto de la volatilidad.

5. **Diversificación por Estilo de Inversión**:

- Combinar estrategias de inversión, como crecimiento, valor, dividendos y fondos indexados. Esto permite acceder a diferentes enfoques de inversión y beneficiarse de distintas tendencias.

7.2.4 Implementación de la Diversificación

Para implementar una estrategia de diversificación efectiva, los inversores deben seguir ciertos pasos:

1. **Evaluación del Perfil de Riesgo**:

- Determinar la tolerancia al riesgo y los objetivos financieros del inversor es esencial para diseñar una cartera adecuada. Esto incluye comprender cuánto riesgo está dispuesto a asumir y cuánto tiempo tiene para invertir.

2. **Selección de Activos**:
   - Basado en el perfil de riesgo, los inversores deben seleccionar una variedad de activos que se alineen con sus objetivos. La selección debe ser cuidadosa, teniendo en cuenta la calidad, el rendimiento histórico y las proyecciones futuras de cada activo.

3. **Rebalanceo de la Cartera**:
   - Con el tiempo, algunas inversiones pueden crecer más que otras, alterando la asignación original. El rebalanceo implica ajustar la cartera para volver a la asignación deseada, vendiendo activos que han crecido y comprando aquellos que se han debilitado.

4. **Monitoreo y Revisión**:
   - Es crucial revisar y monitorear regularmente la cartera para asegurarse de que sigue alineada con los objetivos del inversor y las condiciones del mercado. Esto puede incluir la reevaluación de activos y el ajuste de la estrategia de inversión según sea necesario.

7.2.5 Limitaciones de la Diversificación

A pesar de sus beneficios, la diversificación también tiene limitaciones:

1. **No Elimina el Riesgo Sistemático**: La diversificación no puede eliminar el riesgo del mercado general que afecta a todos los activos, como recesiones económicas o crisis financieras. Este riesgo sistemático sigue siendo una preocupación constante.

2. **Rendimiento Potencial Limitado**: Una cartera muy diversificada puede diluir las ganancias potenciales, ya que el rendimiento sobresaliente de un activo puede verse compensado por otros que no rinden tan bien.

3. **Complejidad en la Gestión**: Mantener una cartera diversificada puede requerir un monitoreo y una gestión más intensivos, lo que puede ser un desafío para los inversores que no están familiarizados con el análisis de inversiones.

7.2.6 Conclusiones

La diversificación es una herramienta esencial en la estrategia de inversión que puede ayudar a los inversores a gestionar el riesgo y optimizar sus rendimientos a lo largo del tiempo. Al distribuir las inversiones en diferentes activos, sectores y regiones, los inversores pueden crear una cartera más robusta y resiliente frente a la volatilidad del mercado.

Es importante recordar que la diversificación no es una solución mágica; requiere una planificación cuidadosa, un monitoreo continuo y ajustes periódicos para ser efectiva. Al adoptar un enfoque diversificado, los inversores pueden no solo protegerse contra las pérdidas, sino también posicionarse para capitalizar las oportunidades de crecimiento en un entorno de inversión dinámico.

7.3 Gestión de Riesgos

La gestión de riesgos es un proceso fundamental en la planificación y ejecución de estrategias de inversión. Este proceso implica identificar, evaluar y mitigar los riesgos que pueden afectar el rendimiento de una cartera de inversiones. La comprensión y aplicación efectiva de la gestión de riesgos permiten a los inversores tomar decisiones informadas y construir carteras que no solo buscan maximizar rendimientos, sino también proteger el capital ante fluctuaciones adversas del mercado. Esta sección explorará los conceptos clave de la gestión de riesgos, su importancia, los tipos de riesgos, herramientas y estrategias para la gestión de riesgos, así como la implementación de un marco de gestión de riesgos efectivo.

7.3.1 Definición de Gestión de Riesgos

La gestión de riesgos se define como el proceso de identificar, evaluar y priorizar riesgos seguidos por la aplicación de recursos coordinados y económicos para minimizar, monitorear y controlar la probabilidad y el impacto de eventos desafortunados. En el contexto de la inversión, esto se traduce en la identificación de factores que pueden perjudicar el rendimiento de la cartera y la implementación de medidas para gestionar esos riesgos de manera efectiva.

7.3.2 Importancia de la Gestión de Riesgos

La gestión de riesgos es esencial por varias razones:

1. **Protección del Capital**: El principal objetivo de la gestión de riesgos es proteger el capital del inversor. Al comprender y gestionar los riesgos, los inversores pueden reducir la posibilidad de pérdidas significativas en sus carteras.

2. **Toma de Decisiones Informadas**: La identificación y evaluación de riesgos permiten a los inversores tomar

decisiones más informadas sobre dónde y cómo invertir. Esto incluye la selección de activos que se alineen con su tolerancia al riesgo y sus objetivos financieros.

3. **Optimización de Rendimientos**: Al gestionar adecuadamente los riesgos, los inversores pueden identificar oportunidades de inversión que podrían ofrecer rendimientos ajustados al riesgo más favorables.

4. **Manejo de la Volatilidad**: La gestión de riesgos ayuda a los inversores a enfrentar la volatilidad del mercado y a mantener la calma durante períodos de incertidumbre económica, evitando decisiones impulsivas que pueden resultar en pérdidas.

5. **Cumplimiento Regulatorio**: Para muchos inversores institucionales, la gestión de riesgos es un requisito regulatorio que asegura que se sigan prácticas de inversión prudentes y responsables.

7.3.3 Tipos de Riesgos

Existen varios tipos de riesgos que los inversores deben considerar al gestionar su cartera:

1. **Riesgo de Mercado**: Este es el riesgo de que el valor de una inversión disminuya debido a movimientos en

el mercado, lo que puede ser causado por factores económicos, políticos o sociales.

2. **Riesgo de Crédito**: Este riesgo se relaciona con la posibilidad de que un emisor de deuda (como un bono) no cumpla con sus obligaciones de pago, lo que podría resultar en pérdidas para los inversores.

3. **Riesgo de Liquidez**: Este riesgo se refiere a la dificultad de vender un activo sin afectar significativamente su precio. Los activos ilíquidos pueden ser difíciles de vender en momentos de necesidad.

4. **Riesgo Cambiario**: Este es el riesgo de pérdidas que pueden surgir debido a fluctuaciones en los tipos de cambio de divisas, lo que puede afectar las inversiones en mercados extranjeros.

5. **Riesgo de Inflación**: Este riesgo se relaciona con la disminución del poder adquisitivo de los rendimientos de las inversiones debido a un aumento de los precios en la economía.

6. **Riesgo Operativo**: Este riesgo proviene de fallos en los sistemas internos, errores humanos, desastres naturales u otros eventos que pueden afectar la operación de una empresa o inversión.

La gestión de riesgos implica la utilización de diversas herramientas y estrategias, que incluyen:

1. **Diversificación**: Como se mencionó en la sección anterior, la diversificación es una estrategia clave para reducir el riesgo. Invertir en una variedad de activos, sectores y regiones puede ayudar a mitigar la exposición a riesgos específicos.

2. **Cobertura (Hedging)**: La cobertura implica la utilización de instrumentos financieros, como opciones y futuros, para protegerse contra movimientos adversos del mercado. Por ejemplo, un inversor puede comprar opciones de venta para limitar las pérdidas en un activo específico.

3. **Establecimiento de Límites de Pérdida (Stop Loss)**: Esta estrategia implica establecer niveles de precios específicos a los cuales se venderá un activo para evitar mayores pérdidas. Esto ayuda a limitar el impacto de movimientos adversos en el mercado.

4. **Monitoreo Continuo**: La gestión de riesgos no es un proceso estático; requiere un monitoreo continuo de la cartera y del entorno del mercado. Esto incluye la

evaluación de la calidad de los activos y la identificación de posibles cambios en el riesgo.

5. **Análisis de Sensibilidad**: Esta herramienta permite a los inversores evaluar cómo diferentes variables (como tasas de interés o precios de activos) afectan el rendimiento de la cartera. Comprender la sensibilidad a estos factores puede ayudar a tomar decisiones más informadas.

6. **Modelos de Valor en Riesgo (VaR)**: El VaR es una medida estadística que estima la posible pérdida máxima de una inversión en un período específico con un nivel de confianza determinado. Es útil para entender la exposición al riesgo de la cartera.

7.3.5 Implementación de un Marco de Gestión de Riesgos

Para implementar una gestión de riesgos efectiva, los inversores deben seguir ciertos pasos:

1. **Identificación de Riesgos**: Reconocer todos los riesgos potenciales asociados con las inversiones y la cartera en su conjunto.

2. **Evaluación de Riesgos**: Analizar la probabilidad y el impacto de cada riesgo. Esto implica considerar tanto el riesgo como el retorno potencial de cada inversión.

3. **Desarrollo de Estrategias de Mitigación**: Diseñar estrategias para abordar cada riesgo identificado. Esto

puede incluir diversificación, cobertura y establecimiento de límites de pérdida.

4. **Monitoreo y Revisión**: Mantener un monitoreo constante de los riesgos y la efectividad de las estrategias implementadas. Esto incluye la revisión de la cartera y la adaptación de las estrategias según sea necesario.

5. **Documentación y Reporte**: Mantener registros detallados de la gestión de riesgos, incluidas las decisiones tomadas, las estrategias implementadas y los resultados. Esto es esencial para la rendición de cuentas y la mejora continua.

7.3.6 Conclusiones

La gestión de riesgos es un componente crítico de cualquier estrategia de inversión. Al comprender y abordar los diferentes tipos de riesgos, los inversores pueden proteger su capital y optimizar su rendimiento a largo plazo. Una gestión efectiva de riesgos no solo ayuda a reducir la volatilidad de la cartera, sino que también promueve una toma de decisiones más informada y racional en un entorno de inversión a menudo incierto y cambiante.

Es fundamental que los inversores reconozcan que la gestión de riesgos es un proceso continuo que requiere atención constante y adaptabilidad a las condiciones cambiantes del mercado. Con un enfoque proactivo y sistemático, la gestión de riesgos puede ser una poderosa herramienta para el éxito en la inversión.

8.1 Comparación de Opciones

La selección adecuada de seguros y productos de inversión es esencial para la protección financiera y la construcción de un patrimonio sólido. Con una amplia variedad de opciones disponibles en el mercado, los consumidores deben realizar una comparación cuidadosa de diferentes productos y aseguradoras para encontrar las soluciones que mejor se adapten a sus necesidades y objetivos financieros. Esta sección se centra en los criterios de comparación, los métodos de evaluación y la importancia de la investigación exhaustiva para facilitar la toma de decisiones informadas.

8.1.1 Criterios de Comparación

Al comparar diferentes seguros y productos de inversión, es importante considerar una serie de criterios que pueden influir en la elección final. Estos incluyen:

1. **Cobertura y Beneficios**: Para los seguros, es crucial evaluar el tipo y la extensión de la cobertura que ofrece cada póliza. ¿Qué riesgos están cubiertos? ¿Hay exclusiones importantes? Para los productos de inversión, se deben analizar los beneficios potenciales y las características específicas que cada producto ofrece.

2. **Costos y Comisiones**: Los costos asociados son un factor determinante en la selección de productos. Esto incluye las primas de seguros, las comisiones de compra y venta, y cualquier otra tarifa que pueda aplicarse. Comparar el costo total de propiedad es esencial para determinar la rentabilidad de cada opción.

3. **Reputación y Solvencia de la Aseguradora o Institución Financiera**: La estabilidad financiera y la reputación de la aseguradora o institución que ofrece el producto son fundamentales. Es recomendable consultar calificaciones de agencias independientes y buscar comentarios de otros clientes para tener una idea clara de la confiabilidad de la compañía.

4. **Flexibilidad y Personalización**: Algunos productos ofrecen más opciones de personalización que otros. Al comparar seguros, es importante determinar si se pueden adaptar las coberturas a las necesidades

específicas. En el caso de productos de inversión, la flexibilidad para ajustar las contribuciones o cambiar la asignación de activos puede ser un factor importante.

5. **Rendimiento Histórico**: Para los productos de inversión, es útil analizar el rendimiento histórico y la consistencia de la rentabilidad a lo largo del tiempo. Sin embargo, es importante recordar que el rendimiento pasado no garantiza resultados futuros.

6. **Condiciones y Términos**: Evaluar los términos y condiciones de cada póliza o producto es crucial. Esto incluye las condiciones de renovación, la duración del contrato, y cualquier requisito de elegibilidad que pueda limitar el acceso al producto.

7. **Asesoramiento Profesional**: Considerar la posibilidad de obtener asesoramiento de un profesional financiero puede ser beneficioso. Un asesor puede ayudar a evaluar las opciones en función de las circunstancias individuales y los objetivos financieros.

8.1.2 Métodos de Evaluación

Existen varios métodos que los consumidores pueden emplear al evaluar diferentes opciones de seguros y productos de inversión. Estos incluyen:

1. **Matriz de Comparación**: Crear una matriz que contenga las características clave de cada producto o póliza permite una comparación visual clara. Esto puede incluir elementos como cobertura, costos, beneficios, y flexibilidad.

2. **Gráficos de Rendimiento**: Para productos de inversión, gráficos que muestren el rendimiento a lo largo del tiempo pueden proporcionar una visión más clara de cómo se ha comportado cada opción en diferentes condiciones del mercado.

3. **Análisis de Costos-Beneficios**: Este enfoque implica sopesar los costos de cada opción frente a los beneficios esperados. Esto ayuda a determinar si el costo adicional de un producto ofrece beneficios suficientes para justificar la inversión.

4. **Simulaciones y Proyecciones**: Utilizar herramientas de simulación financiera que proyecten el rendimiento futuro de productos de inversión bajo diferentes escenarios puede ayudar a los inversores a tomar decisiones más informadas.

5. **Investigación de Mercado**: Consultar informes de análisis de mercado y estudios de caso puede ofrecer información valiosa sobre las tendencias del sector y el desempeño de diferentes productos.

8.1.3 Importancia de la Investigación Exhaustiva

La investigación exhaustiva es un paso crítico en el proceso de comparación. Invertir tiempo en comprender las opciones disponibles puede tener un impacto significativo en la calidad de las decisiones que se tomen. Algunos beneficios de realizar una investigación cuidadosa incluyen:

1. **Reducción del Riesgo de Errores**: Una investigación adecuada ayuda a minimizar la probabilidad de elegir un producto que no cumpla con las expectativas o que tenga limitaciones no deseadas.

2. **Empoderamiento del Consumidor**: Al estar bien informado, el consumidor puede tomar decisiones más seguras y sentirse más en control de su situación financiera.

3. **Acceso a Oportunidades**: A través de la investigación, es posible descubrir productos y opciones que de otro modo podrían haber pasado desapercibidos, así como ofertas promocionales o incentivos especiales.

4. **Mejores Resultados Financieros**: Al seleccionar el seguro o producto de inversión que mejor se adapte a las necesidades individuales, se puede mejorar el rendimiento general de la inversión y aumentar la protección financiera.

8.1.4 Ejemplo Práctico de Comparación

Para ilustrar el proceso de comparación, consideremos un ejemplo práctico en el que un consumidor está evaluando seguros de vida y fondos de inversión:

1. **Comparación de Seguros de Vida**:
   - **Póliza A**: Cobertura de 200,000 euros, prima mensual de 50 euros, exclusiones por enfermedades preexistentes.
   - **Póliza B**: Cobertura de 250,000 euros, prima mensual de 70 euros, sin exclusiones significativas.
2. **Comparación de Fondos de Inversión**:
   - **Fondo X**: Rentabilidad histórica del 6% anual, comisión de gestión del 1.5%, alto riesgo.
   - **Fondo Y**: Rentabilidad histórica del 4.5% anual, comisión de gestión del 1%, riesgo moderado.

A través de este análisis, el consumidor puede decidir que, aunque la Póliza B tiene una prima más alta, ofrece una mejor cobertura y menos restricciones. Al mismo tiempo, puede optar por el Fondo Y, que ofrece una menor rentabilidad pero con un nivel de riesgo más manejable.

La comparación de opciones de seguros y productos de inversión es un proceso crucial que requiere atención a los detalles y un análisis cuidadoso. Al evaluar criterios clave, utilizar métodos de evaluación y llevar a cabo una investigación exhaustiva, los consumidores pueden tomar decisiones informadas que alineen sus seguros y productos de inversión con sus objetivos financieros y su tolerancia al riesgo. Este enfoque no solo optimiza la protección financiera, sino que también maximiza el potencial de crecimiento del patrimonio personal a largo plazo.

8.2 Criterios de Selección

La selección de seguros y productos de inversión es un proceso crucial que puede tener un impacto significativo en la estabilidad financiera a corto y largo plazo de una persona o entidad. Para tomar decisiones informadas y adecuadas, es fundamental establecer criterios de selección que guíen a los consumidores en su evaluación de las diversas opciones disponibles. A continuación, se describen en detalle los criterios más relevantes que deben considerarse al seleccionar seguros y productos de inversión.

8.2.1 Necesidades Personales y Financieras

1. **Evaluación de Necesidades**: Antes de seleccionar un producto, es esencial realizar un análisis exhaustivo de las necesidades personales y financieras. Esto incluye la identificación de los riesgos a los que se enfrenta el individuo o la familia, así como los objetivos financieros a corto y largo plazo.

2. **Circunstancias Vitales**: Factores como la situación laboral, el estado civil, la cantidad de dependientes, y el nivel de ingresos son determinantes importantes. Por ejemplo, una familia con hijos pequeños puede priorizar seguros de vida y salud, mientras que una persona soltera puede centrarse más en productos de inversión.

8.2.2 Cobertura y Beneficios

1. **Alcance de la Cobertura**: Para seguros, es crucial examinar la extensión de la cobertura. Esto incluye tanto las coberturas básicas como las opciones adicionales, como la asistencia en carretera en

seguros de automóvil o la cobertura de enfermedades críticas en seguros de salud.

2. **Beneficios Adicionales**: Algunos productos pueden ofrecer beneficios complementarios, como descuentos en servicios, asesoría financiera gratuita, o bonificaciones por la no utilización de servicios, que pueden influir en la elección final.

8.2.3 Costos y Estructura de Tarifas

1. **Primas y Pagos**: Comparar el costo de las primas en diferentes pólizas de seguros es fundamental. Un costo más bajo no siempre significa un mejor producto, ya que es importante considerar la relación entre el costo y la cobertura.

2. **Comisiones y Gastos**: Para productos de inversión, se deben evaluar las comisiones de gestión, los costos de transacción, y cualquier otra tarifa asociada. Comprender la estructura de costos es vital para calcular el rendimiento neto de una inversión.

3. **Costos Ocultos**: Es importante estar atento a cualquier costo que no sea evidente al principio, como penalizaciones por retiro anticipado en productos de inversión o aumentos en las primas de seguros a medida que se renuevan las pólizas.

8.2.4 Reputación y Solidez Financiera

1. **Calificaciones de Solvencia**: Investigar la reputación de la aseguradora o institución financiera es esencial. Las calificaciones de agencias de calificación de seguros (como A.M. Best, Fitch, Moody's) proporcionan información sobre la solvencia y la estabilidad financiera de la compañía.

2. **Reseñas de Clientes**: Leer reseñas y testimonios de otros clientes puede ofrecer perspectivas sobre la calidad del servicio al cliente, la efectividad en el manejo de reclamaciones y la satisfacción general del cliente.

3. **Historial de Reclamaciones**: Analizar el historial de reclamaciones de una compañía puede ayudar a determinar su capacidad para cumplir con las obligaciones financieras en el futuro.

8.2.5 Flexibilidad y Personalización

1. **Adaptabilidad del Producto**: Es recomendable elegir productos que ofrezcan flexibilidad para adaptarse a cambios en la vida del asegurado o del inversor, como cambios en la situación laboral, en la salud, o en los objetivos financieros.

2. **Opciones de Personalización**: Algunos productos permiten personalizar coberturas o características

adicionales que pueden ser útiles según las necesidades específicas del cliente, como añadir beneficiarios en seguros de vida o modificar la estrategia de inversión en fondos.

8.2.6 Riesgo y Rentabilidad

1. **Evaluación de Riesgo**: Es fundamental comprender el perfil de riesgo del producto. Los seguros de vida suelen ser productos de bajo riesgo, mientras que ciertos productos de inversión pueden implicar una mayor volatilidad.

2. **Proyecciones de Rentabilidad**: Para los productos de inversión, es esencial analizar las proyecciones de rentabilidad y evaluar el riesgo asociado con cada opción. Considerar el horizonte de inversión y la tolerancia al riesgo personal también es crucial.

8.2.7 Asesoramiento Profesional

1. **Consulta con Expertos**: Buscar el consejo de un asesor financiero o de seguros puede proporcionar una perspectiva experta que ayude a identificar las opciones más adecuadas según las necesidades y circunstancias individuales.

2. **Educación Continua**: Mantenerse informado sobre los cambios en el mercado, las nuevas regulaciones y

las tendencias de productos también es vital para tomar decisiones actualizadas y bien fundamentadas.

8.2.8 Comparación de Opciones

1. **Uso de Herramientas de Comparación**: Utilizar plataformas en línea y herramientas de comparación de seguros y productos de inversión puede facilitar el proceso, permitiendo visualizar rápidamente las diferencias entre opciones.

2. **Matriz de Evaluación**: Crear una matriz de evaluación con los criterios seleccionados y calificar cada opción en función de estos criterios puede ayudar a simplificar la toma de decisiones.

Conclusión

Los criterios de selección para seguros y productos de inversión son fundamentales para garantizar que las decisiones se alineen con las necesidades y objetivos personales. Al evaluar cuidadosamente cada opción en función de estos criterios, los consumidores pueden maximizar su protección financiera y optimizar el crecimiento de su patrimonio. Este enfoque no solo permite una toma de decisiones más informada, sino que también aumenta la probabilidad de éxito a largo plazo en la gestión de riesgos y la inversión.

8.3 Evaluación de Proveedores

La elección de un proveedor adecuado para seguros y productos de inversión es un paso crucial en la gestión de las finanzas personales y familiares. Un proveedor confiable no solo garantiza la calidad del producto ofrecido, sino que también asegura la atención al cliente y el manejo efectivo de reclamaciones. Esta sección se centra en cómo llevar a cabo una evaluación exhaustiva de los proveedores de seguros y productos de inversión, analizando varios criterios clave que ayudarán a los consumidores a tomar decisiones informadas.

8.3.1 Reputación y Credibilidad

1. **Historial de la Empresa**: Investigar el historial de la compañía es fundamental. Conocer desde cuándo opera la empresa, su evolución y su experiencia en el sector puede ofrecer una idea clara de su fiabilidad y estabilidad.
2. **Calificaciones de Agencias Independientes**: Existen varias agencias que califican la solidez financiera de los proveedores de seguros y productos de inversión. Calificaciones como las de A.M. Best,

Standard & Poor's y Moody's son excelentes recursos para entender el nivel de riesgo de la compañía.

3. **Premios y Reconocimientos**: Las empresas que han sido reconocidas con premios en el sector, por su innovación o su calidad de servicio, suelen tener un compromiso con la excelencia que puede ser un indicador de su reputación.

8.3.2 Solidez Financiera

1. **Análisis de Solvencia**: Revisar los informes financieros de la compañía puede proporcionar información vital sobre su solidez. Una empresa con buenos indicadores de solvencia es menos probable que enfrente problemas al momento de pagar reclamaciones.

2. **Ratios Financieros**: Evaluar ratios como el de liquidez, rentabilidad y endeudamiento puede ayudar a determinar la estabilidad financiera del proveedor y su capacidad para afrontar compromisos a largo plazo.

3. **Resultados de Auditorías**: La transparencia en los resultados de auditorías externas es un buen signo de un proveedor que opera de manera honesta y eficiente. Compañías que publican sus informes de auditoría pueden generar mayor confianza.

8.3.3 Calidad del Servicio al Cliente

1. **Accesibilidad y Respuesta**: Es importante evaluar cómo y cuándo se puede contactar al proveedor. Un servicio de atención al cliente accesible, que ofrezca múltiples canales de comunicación (teléfono, chat en línea, correo electrónico), es fundamental.

2. **Tiempo de Respuesta**: La rapidez con la que el proveedor responde a consultas y reclamaciones es un indicador de su compromiso con el cliente. Un buen proveedor debe tener tiempos de respuesta claros y efectivos.

3. **Capacitación del Personal**: La calidad del personal de atención al cliente puede marcar la diferencia en la experiencia del consumidor. Personal capacitado y bien informado puede proporcionar respuestas claras y precisas.

4. **Satisfacción del Cliente**: Revisar las encuestas de satisfacción y los testimonios de otros clientes puede ofrecer una visión realista de la experiencia del consumidor con el proveedor.

8.3.4 Transparencia y Ética

1. **Condiciones Claras**: Un buen proveedor debe ofrecer condiciones claras y comprensibles en sus productos y pólizas. La transparencia en términos y

condiciones es clave para evitar sorpresas desagradables.

2. **Proceso de Reclamaciones**: Evaluar la claridad del proceso de reclamaciones y el tiempo estimado para su resolución es fundamental. Un proveedor ético facilitará esta información a sus clientes.

3. **Prácticas Comerciales**: Investigar si la empresa tiene un historial de prácticas comerciales desleales o problemas legales puede ayudar a determinar su ética empresarial.

8.3.5 Variedad de Productos

1. **Amplia Gama de Opciones**: Un proveedor que ofrece una variedad de seguros y productos de inversión puede ser más atractivo, ya que permite a los consumidores consolidar sus necesidades en un solo lugar.

2. **Personalización de Productos**: Evaluar si el proveedor ofrece opciones para personalizar seguros y productos de inversión es esencial. Esto permite a los clientes adaptar las coberturas y características a sus necesidades específicas.

3. **Innovación**: La capacidad de un proveedor para ofrecer productos innovadores que se adapten a las tendencias del mercado es un signo de su capacidad

para evolucionar y satisfacer las demandas cambiantes de los consumidores.

8.3.6 Experiencia del Cliente

1. **Evaluaciones de la Experiencia**: Investigar las experiencias de otros clientes puede ofrecer una idea clara sobre cómo es trabajar con el proveedor. Revisar foros y sitios de evaluación puede ser útil para obtener opiniones imparciales.

2. **Historias de Éxito y Problemas**: Escuchar relatos sobre cómo la compañía ha manejado reclamaciones, situaciones difíciles o cambios en las condiciones del mercado puede proporcionar información valiosa sobre su servicio y compromiso.

8.3.7 Recomendaciones y Referencias

1. **Referencias de Otros Consumidores**: Pedir recomendaciones a amigos, familiares o colegas puede ser un buen punto de partida para identificar proveedores de confianza.

2. **Asesoramiento Profesional**: Consultar a un asesor financiero o agente de seguros que tenga experiencia en el mercado puede ayudar a obtener recomendaciones basadas en la experiencia y el conocimiento del sector.

Conclusiones

La evaluación de proveedores de seguros y productos de inversión es un proceso integral que requiere atención a múltiples factores. Al considerar la reputación, solidez financiera, calidad del servicio al cliente, transparencia, variedad de productos y la experiencia del cliente, los consumidores pueden tomar decisiones más informadas y alineadas con sus necesidades y objetivos. Este enfoque no solo minimiza el riesgo asociado a la elección de proveedores, sino que también optimiza la experiencia general del cliente y mejora la posibilidad de alcanzar resultados financieros positivos a largo plazo.

9.1 Implicaciones Fiscales de los Seguros

Los seguros son herramientas financieras que no solo ofrecen protección contra riesgos, sino que también tienen implicaciones fiscales que los asegurados deben comprender. Las características fiscales de los seguros varían según el tipo de póliza, la legislación del país y la situación financiera del asegurado. A continuación, se detallan los aspectos fiscales más relevantes relacionados con los seguros.

9.1.1 Tipos de Seguros y sus Tratamientos Fiscales

1. **Seguros de Vida**
   - **Beneficios Exentos de Impuestos**: En muchos países, los beneficios pagados por un seguro de vida a los beneficiarios son generalmente exentos de impuestos sobre la renta. Esto significa que los beneficiarios pueden recibir el monto total de la póliza sin deducciones fiscales.
   - **Deducción de Primas**: En algunos casos, las primas pagadas por seguros de vida pueden ser deducibles de impuestos si el seguro se utiliza como parte de un plan de beneficios para empleados. Sin embargo, las regulaciones varían significativamente según la jurisdicción.
   - **Impuesto sobre Sucesiones**: Dependiendo de las leyes locales, los beneficios de seguros de vida pueden estar sujetos al impuesto sobre sucesiones si forman parte del patrimonio del fallecido.

2. **Seguros de Salud**
   - **Deducción de Gastos Médicos**: Las primas pagadas por seguros de salud pueden ser deducibles de impuestos en muchas jurisdicciones, especialmente si el asegurado

tiene gastos médicos que superan un cierto porcentaje de sus ingresos ajustados.

- o **Beneficios Exentos**: Los beneficios recibidos por el asegurado para cubrir gastos médicos generalmente no están sujetos a impuestos, lo que significa que el asegurado puede recibir el reembolso de gastos médicos sin ninguna carga fiscal.

3. **Seguros de Hogar y Automóvil**

- o **Primas No Deducibles**: En la mayoría de los casos, las primas pagadas por seguros de hogar y automóvil no son deducibles de impuestos personales. Sin embargo, si el inmueble o vehículo es utilizado para fines comerciales, las primas pueden ser deducibles como gastos de negocio.

- o **Indemnizaciones**: Las indemnizaciones por pérdidas cubiertas por seguros de hogar o automóvil no están sujetas a impuestos, siempre y cuando no excedan el costo de reposición o el valor de la propiedad asegurada.

4. **Seguros de Responsabilidad Civil**

- o **Deducción de Primas**: Las primas pagadas por seguros de responsabilidad civil pueden ser deducibles si están relacionadas con actividades comerciales. Para individuos, estas primas suelen no ser deducibles.

- **Indemnizaciones y Pérdidas**: Las compensaciones o indemnizaciones recibidas bajo un seguro de responsabilidad civil generalmente no son imponibles, ya que se consideran compensaciones por pérdidas.

5. Seguros de Viaje

- **Primas No Deducibles**: Las primas de seguros de viaje normalmente no son deducibles de impuestos personales. Sin embargo, si el viaje está relacionado con un negocio, pueden considerarse como un gasto de negocio y, por tanto, deducibles.

- **Cobertura de Cancelación**: Las indemnizaciones recibidas por cancelación de viaje o reembolsos por pérdidas relacionadas con el viaje generalmente no están sujetas a impuestos.

9.1.2 Consideraciones Fiscales para Contratantes y Beneficiarios

1. **Implicaciones para el Contratante**:
   - La carga fiscal de las primas y beneficios puede afectar la decisión de compra. Es importante que

el contratante entienda cómo se verán afectadas sus obligaciones fiscales en función del tipo de póliza adquirida.

2. **Implicaciones para Beneficiarios**:

   o Los beneficiarios deben considerar las implicaciones fiscales de recibir beneficios de seguros, ya que esto podría impactar su situación fiscal general, especialmente si estos beneficios son significativos y forman parte de su ingreso total.

9.1.3 Estrategias Fiscales

1. **Planificación Sucesoria**:

   o Utilizar seguros de vida como herramienta de planificación sucesoria puede ayudar a los asegurados a minimizar las cargas fiscales para sus beneficiarios. La correcta estructuración de las pólizas puede evitar impuestos sobre sucesiones significativos.

2. **Uso de Cuentas de Ahorro para la Salud (HSA)**:

   o En algunos países, los seguros de salud que permiten contribuciones a cuentas de ahorro para la salud ofrecen beneficios fiscales. Las contribuciones son deducibles de impuestos, y los retiros para gastos médicos son exentos de impuestos.

3. **Combinación de Productos**:

   o Algunos seguros combinados con productos de inversión, como los seguros de vida con ahorro o inversión (por ejemplo, seguros de vida universal o de vida entera), pueden ofrecer beneficios fiscales adicionales, como el crecimiento libre de impuestos del valor en efectivo.

9.1.4 Legislación y Cambios Fiscales

1. **Revisiones Legales**:

   o Es fundamental que los asegurados se mantengan informados sobre cualquier cambio en la legislación fiscal que pueda afectar sus seguros. Las leyes fiscales pueden cambiar con frecuencia, y lo que es válido hoy puede no serlo en el futuro.

2. **Asesoramiento Fiscal**:

   o Considerar el asesoramiento de un experto en impuestos o un planificador financiero es recomendable para maximizar los beneficios fiscales de los seguros. Estos profesionales pueden ofrecer orientaciones específicas basadas en la situación financiera personal y la legislación vigente.

Conclusiones

Las implicaciones fiscales de los seguros son un aspecto esencial que debe considerarse al momento de adquirir una póliza. Comprender cómo funcionan los impuestos en relación con diferentes tipos de seguros puede ayudar a los consumidores a tomar decisiones más informadas y efectivas, optimizando sus beneficios fiscales y protegiendo su patrimonio. La planificación adecuada y el asesoramiento profesional pueden facilitar el aprovechamiento de los beneficios fiscales, lo que contribuye a una gestión financiera más robusta y segura.

9.2 Fiscalidad de los Productos de Inversión

La fiscalidad de los productos de inversión es un aspecto fundamental que los inversores deben considerar al momento de planificar su estrategia financiera. Las implicaciones fiscales pueden afectar el rendimiento neto de una inversión y deben ser comprendidas en el contexto de la legislación vigente en cada país. En esta sección, se abordan los principales productos de inversión, sus características fiscales y cómo optimizar la carga tributaria.

9.2.1 Tipos de Productos de Inversión y su Tratamiento Fiscal

1. **Cuentas de Ahorro**
   - **Intereses Imponibles**: Los intereses generados en las cuentas de ahorro suelen estar sujetos a impuestos. En muchos países, los intereses se consideran ingreso ordinario y se gravan a la tasa impositiva marginal del contribuyente.
   - **Límites de Deducción**: Algunas legislaciones permiten deducciones o créditos fiscales sobre los intereses generados, pero esto varía según la jurisdicción.

2. **Depósitos a Plazo**
   - **Impuestos sobre los Intereses**: Al igual que las cuentas de ahorro, los intereses obtenidos de los depósitos a plazo suelen ser considerados ingreso imponible, y deben ser reportados en la declaración de impuestos.
   - **Tratamiento de Anticipos**: En ciertos casos, si se retiran fondos antes del vencimiento, pueden aplicarse penalizaciones que también tienen implicaciones fiscales.

3. **Fondos de Inversión**

- **Distribuciones de Dividendos y Ganancias de Capital**: Los fondos de inversión distribuyen ganancias en forma de dividendos o distribuciones de capital, los cuales generalmente están sujetos a impuestos. La tasa puede variar dependiendo de si las ganancias son a corto o largo plazo.

- **Tratamiento de las Pérdidas**: Los inversores pueden compensar las ganancias de capital con pérdidas de inversiones, lo que se conoce como "cosecha de pérdidas" y puede ayudar a reducir la carga fiscal global.

4. **Acciones y Bonos**

- **Impuesto sobre Ganancias de Capital**: La venta de acciones o bonos puede resultar en ganancias de capital, que suelen estar sujetas a impuestos. Las tasas de impuestos pueden diferir según el período de tenencia (corto vs. largo plazo).

- **Dividendos**: Los dividendos recibidos de acciones son generalmente sujetos a impuestos, aunque en algunos países se ofrecen tasas reducidas para dividendos calificados.

5. **Planes de Pensiones**

- o **Deducción de Aportaciones**: Las contribuciones a planes de pensiones son a menudo deducibles de impuestos, lo que permite a los contribuyentes reducir su ingreso imponible en el año de la contribución.
- o **Impuesto al Retiro**: Los fondos retirados de planes de pensiones suelen estar sujetos a impuestos como ingreso ordinario, y la planificación del momento de retiro puede impactar significativamente la carga fiscal.

6. Criptomonedas

- o **Impuesto sobre Ganancias de Capital**: Las transacciones de criptomonedas suelen estar sujetas a impuestos sobre las ganancias de capital. La venta de criptomonedas a un precio superior al de adquisición genera una ganancia imponible.
- o **Deducción de Pérdidas**: Al igual que otros activos, las pérdidas en criptomonedas pueden ser compensadas contra ganancias de capital en otros activos, proporcionando oportunidades para optimizar la carga fiscal.

9.2.2 Estrategias para Optimizar la Fiscalidad

1. Uso de Cuentas con Ventajas Fiscales

- ○ **Cuentas de Ahorro para la Salud (HSA)**: Algunos productos financieros permiten aportaciones deducibles que pueden ser retiradas sin impuestos para gastos médicos, ofreciendo un doble beneficio fiscal.
- ○ **Cuentas de Jubilación**: Contribuir a cuentas de jubilación que ofrezcan beneficios fiscales, como los planes 401(k) en EE.UU., permite aplazar el pago de impuestos hasta el retiro.

2. Planificación de la Venta de Activos

- ○ **Timing de Ventas**: La estrategia de vender activos en años en los que se espera tener un ingreso menor puede reducir la tasa impositiva sobre las ganancias de capital.
- ○ **Cosecha de Pérdidas**: La realización de pérdidas en activos perdedores antes del final del año fiscal para compensar ganancias puede ser una estrategia eficaz.

3. Inversiones a Largo Plazo

- ○ **Ventajas Fiscales de la Tenencia Prolongada**: Mantener inversiones a largo plazo a menudo resulta en tasas de impuestos sobre ganancias de capital más bajas, lo que puede aumentar el rendimiento neto de la inversión.

4. Diversificación de Productos

- Diversificación Fiscal: Invertir en una combinación de productos que ofrezcan diferentes tratamientos fiscales puede ayudar a gestionar la carga tributaria en su conjunto.

9.2.3 Cumplimiento Fiscal y Declaraciones

1. **Registro y Documentación**
   - **Mantenimiento de Registros**: Llevar un registro de todas las transacciones, incluyendo compras, ventas y dividendos recibidos, es crucial para el cumplimiento fiscal. Esto facilita la preparación de las declaraciones de impuestos y asegura que no se omitan ingresos imponibles.
   - **Documentación de Pérdidas y Ganancias**: Registrar las fechas de adquisición y los precios de compra de los activos es fundamental para calcular correctamente las ganancias de capital y las pérdidas.

2. **Declaración de Impuestos**
   - **Cumplimiento con las Autoridades Fiscales**: Es vital presentar las declaraciones de impuestos de manera correcta y a tiempo. El incumplimiento puede resultar en multas significativas y en la acumulación de intereses sobre cualquier impuesto adeudado.

○ **Consulta con Asesores Fiscales**: Buscar la orientación de un contador o asesor fiscal especializado puede ayudar a asegurarse de que se estén aprovechando todas las deducciones y créditos disponibles.

Conclusiones

La fiscalidad de los productos de inversión es un aspecto complejo que puede influir significativamente en los rendimientos netos de los inversores. Comprender las implicaciones fiscales asociadas con cada tipo de producto, junto con la implementación de estrategias para optimizar la carga tributaria, es esencial para una planificación financiera efectiva. La correcta gestión de los aspectos fiscales no solo ayuda a maximizar los rendimientos, sino que también minimiza el riesgo de incumplimiento y problemas con las autoridades fiscales. Una planificación fiscal bien estructurada permite a los inversores avanzar hacia sus objetivos financieros con mayor confianza y seguridad.

10.1 Resumen de Claves

1. Importancia de los Seguros y Productos de Inversión

- Los seguros y productos de inversión son esenciales para la protección financiera y la planificación patrimonial.
- Los seguros ofrecen una red de seguridad contra riesgos y pérdidas, mientras que los productos de inversión permiten el crecimiento del capital y la generación de ingresos.

2. Conceptos Básicos

- **Definición de Seguros**: Un contrato en el que una parte se compromete a indemnizar a otra por pérdidas específicas a cambio de una prima.
- **Definición de Productos de Inversión**: Instrumentos financieros diseñados para generar rendimientos a lo largo del tiempo, que pueden incluir cuentas de ahorro, fondos de inversión, acciones, bonos, entre otros.
- **Diferencias Clave**: Los seguros se centran en la protección contra riesgos, mientras que los productos de inversión se enfocan en la acumulación de riqueza y generación de ingresos.

3. Tipos de Seguros

- **Seguros de Vida**: Proporcionan protección financiera a los beneficiarios en caso de fallecimiento del asegurado.

- **Seguros de Salud**: Cubren gastos médicos y hospitalarios, protegiendo al asegurado de gastos imprevistos.

- **Seguros de Hogar**: Ofrecen cobertura para daños en propiedades residenciales, incluyendo robos y desastres naturales.

- **Seguros de Automóvil**: Protegen contra daños al vehículo y responsabilidades hacia terceros en caso de accidentes.

- **Seguros de Responsabilidad Civil**: Cubren daños a terceros causados por el asegurado.

- **Seguros de Viaje**: Proporcionan protección en situaciones adversas durante los viajes, como cancelaciones o emergencias médicas.

4. Productos de Inversión

- **Cuentas de Ahorro**: Ofrecen liquidez y seguridad con rendimientos relativamente bajos.

- **Depósitos a Plazo**: Inversiones a corto o medio plazo con rendimientos garantizados.

- **Fondos de Inversión**: Permiten diversificación al agrupar el capital de muchos inversores en una cartera administrada.

- **Acciones y Bonos**: Activos que representan propiedad en empresas o deudas de entidades, con diferentes perfiles de riesgo y retorno.

- **Planes de Pensiones**: Herramientas de ahorro a largo plazo que ofrecen beneficios fiscales y seguridad en la jubilación.

- **Criptomonedas**: Activos digitales que pueden ofrecer altos rendimientos, pero con una alta volatilidad y riesgo asociado.

5. Evaluación de Necesidades

- La evaluación de necesidades incluye un análisis de riesgos, la determinación de objetivos financieros y el establecimiento de un perfil de inversor.

- Es fundamental entender la situación financiera personal y los riesgos asociados para seleccionar los productos más adecuados.

6. Regulaciones y Normativas

- La legislación sobre seguros y productos de inversión varía por país, y es crucial conocer estas normativas para cumplir con las obligaciones legales y maximizar los beneficios.

- La protección al consumidor se ha vuelto un aspecto fundamental en la regulación de estos mercados, garantizando la transparencia y la equidad.

7. Estrategias de Inversión

- **Inversión a Largo Plazo vs. Corto Plazo**: Cada enfoque tiene sus ventajas y desventajas; el largo plazo tiende a ser menos volátil y más predecible.
- **Diversificación de Inversiones**: Una estrategia clave para mitigar riesgos al distribuir el capital entre diferentes activos.
- **Gestión de Riesgos**: Implica identificar, evaluar y tomar decisiones informadas para minimizar la exposición a pérdidas.

8. Selección de Seguros y Productos de Inversión

- La comparación de opciones y la evaluación de proveedores son pasos críticos en la selección de productos adecuados que se alineen con los objetivos y necesidades del inversor.

- Las implicaciones fiscales de los seguros y productos de inversión afectan significativamente el rendimiento neto de las inversiones. Es esencial entender cómo se gravan los diferentes productos y cómo se pueden optimizar las cargas fiscales.

- La planificación fiscal y el cumplimiento son fundamentales para evitar problemas con las autoridades tributarias y maximizar los beneficios.

Conclusiones Finales

- La gestión adecuada de seguros y productos de inversión es fundamental para la seguridad financiera y la creación de riqueza a largo plazo. La educación continua y la revisión regular de la estrategia financiera son necesarias para adaptarse a los cambios en la situación personal y en el entorno económico.

- Los inversores deben ser proactivos, mantenerse informados y buscar asesoría profesional cuando sea necesario para tomar decisiones financieras que se alineen con sus objetivos y necesidades individuales.

10.2 Futuro de los Seguros y Productos de Inversión

El futuro de los seguros y productos de inversión está en constante evolución, impulsado por cambios tecnológicos, transformaciones demográficas y fluctuaciones en el entorno económico. A medida que el mundo avanza hacia una mayor digitalización y globalización, es esencial que tanto los consumidores como los proveedores se adapten a estos cambios para maximizar las oportunidades y mitigar los riesgos. En esta sección, se explorarán las tendencias emergentes y las proyecciones sobre cómo el sector podría desarrollarse en los próximos años.

1. Digitalización y Tecnología Financiera

- **Insurtech y Fintech**: La aparición de empresas tecnológicas dedicadas a los seguros (insurtech) y a servicios financieros (fintech) ha transformado la forma en que se diseñan, distribuyen y gestionan los productos de seguros y de inversión. Estas plataformas digitales ofrecen soluciones más eficientes y accesibles, lo que permite una mayor personalización y mejor atención al cliente.

- **Automatización y Procesamiento de Datos**: La automatización de procesos mediante inteligencia artificial y análisis de datos permitirá a las compañías de seguros y de inversión evaluar riesgos, personalizar ofertas y optimizar la gestión de reclamaciones de manera más rápida y precisa. Esto no solo mejorará la experiencia del cliente, sino que también aumentará la eficiencia operativa.

2. Personalización de Productos

- **Seguros a Medida**: Los consumidores cada vez buscan productos que se ajusten más a sus necesidades específicas. La personalización en los seguros, basada en datos y análisis del comportamiento del cliente, permitirá a las aseguradoras ofrecer coberturas adaptadas a situaciones individuales, lo que mejorará la satisfacción del cliente y reducirá la desconfianza en los productos ofrecidos.

- **Productos de Inversión Personalizados**: A medida que los inversores se vuelven más sofisticados, también aumentará la demanda de productos de inversión adaptados a perfiles de riesgo, horizontes de tiempo y objetivos específicos. Las instituciones financieras tendrán que innovar y crear productos que se alineen con estas necesidades.

3. Sostenibilidad y Responsabilidad Social

- **Inversión Sostenible**: Existe un creciente interés por parte de los inversores en la sostenibilidad y la responsabilidad social. Esto ha llevado a la creación de productos de inversión que consideran factores ambientales, sociales y de gobernanza (ESG). Las inversiones socialmente responsables (ISR) están en aumento, y se espera que las empresas de inversión respondan a esta demanda creando más productos que reflejen estos valores.

- **Seguros Verdes**: Las compañías de seguros también están adaptando sus ofertas para incluir pólizas que promuevan prácticas sostenibles. Por ejemplo, los seguros que recompensan a los clientes por adoptar comportamientos ecológicos, como la conducción de vehículos eléctricos o la instalación de paneles solares, están ganando popularidad.

4. Regulación y Cumplimiento

- **Normativas más Estrictas**: Con el aumento de la complejidad en los productos financieros y la preocupación por la protección del consumidor, se anticipa un entorno regulatorio más riguroso. Las empresas tendrán que estar al tanto de las normativas en constante cambio para garantizar el cumplimiento y proteger a los consumidores de prácticas desleales.

- **Transparencia**: La demanda de mayor transparencia en los productos de inversión y seguros impulsará a las compañías a proporcionar información más clara sobre tarifas, coberturas y riesgos asociados. Esto ayudará a restaurar la confianza del consumidor y a fomentar una competencia más justa.

5. Educación Financiera

- **Aumento de la Conciencia Financiera**: A medida que la complejidad de los productos financieros crece, también lo hace la necesidad de educación financiera. La promoción de la alfabetización financiera será esencial para empoderar a los consumidores a tomar decisiones informadas sobre seguros y productos de inversión.

- **Recursos Digitales**: Las plataformas digitales y aplicaciones móviles jugarán un papel crucial en la provisión de recursos educativos, guías y herramientas que faciliten la comprensión de los productos disponibles, permitiendo a los consumidores evaluar mejor sus opciones.

- **Ajuste a Nuevas Necesidades**: Con el envejecimiento de la población, se anticipa un cambio en las necesidades de seguros y productos de inversión. Las compañías deberán adaptar sus ofertas para atender a una clientela mayor que busque productos que garanticen la estabilidad financiera en la jubilación, así como seguros de salud más completos.

- **Planificación Sucesoria**: El interés en la planificación sucesoria y la gestión del patrimonio crecerá, lo que impulsará la demanda de productos que faciliten la transferencia de riqueza y la protección patrimonial.

Conclusiones

El futuro de los seguros y productos de inversión está marcado por una combinación de innovación, responsabilidad y adaptación a las necesidades cambiantes de los consumidores. La digitalización y la personalización impulsarán la eficiencia y la satisfacción del cliente, mientras que la sostenibilidad y la regulación fortalecerán la confianza en el sector. A medida que los inversores y consumidores se vuelven más conscientes y educados, las empresas que se adapten a estas tendencias y ofrezcan soluciones efectivas estarán mejor posicionadas para prosperar en un entorno financiero en constante evolución.

La clave para el éxito radica en la capacidad de anticiparse a los cambios, innovar en la oferta de productos y mantener un compromiso con la educación y la transparencia. En este contexto, tanto los consumidores como los proveedores de servicios financieros deben trabajar en conjunto para construir un futuro financiero más sólido y sostenible.

11.1 Glosario de Términos

El glosario de términos es una sección esencial en un manual sobre seguros y productos de inversión, ya que proporciona definiciones claras y concisas de conceptos clave que se utilizan a lo largo del documento. Esto facilita la comprensión de los temas tratados y asegura que los lectores estén familiarizados con el lenguaje técnico del sector. A continuación, se presenta un glosario que abarca términos relevantes en el ámbito de los seguros y la inversión.

A

- **Acción**: Título que representa una parte del capital social de una empresa. Los accionistas tienen derecho a participar en las decisiones de la empresa y a recibir dividendos.

- **Asegurador**: Entidad que asume el riesgo de asegurar a una persona o un bien, proporcionando una compensación financiera en caso de siniestro.

- **Asegurado**: Persona o entidad que adquiere un seguro y está protegida contra pérdidas específicas bajo las condiciones del contrato.

B

- **Bono**: Instrumento de deuda emitido por una entidad (gobierno, corporación) que implica el compromiso de pagar intereses periódicos y devolver el principal en una fecha futura.

- **Beneficiario**: Persona designada en una póliza de seguro que recibirá el pago o la indemnización en caso de un evento asegurado, como el fallecimiento del asegurado.

C

- **Cobertura**: Conjunto de riesgos o situaciones que están protegidos por una póliza de seguro.

- **Cuenta de Ahorro**: Producto bancario que permite a los titulares depositar dinero, generando intereses sobre el saldo.
- **Criptomoneda**: Moneda digital que utiliza criptografía para asegurar transacciones, controlar la creación de unidades adicionales y verificar la transferencia de activos.

D

- **Depósito a Plazo**: Producto de inversión en el que el dinero se coloca en una entidad financiera por un período específico a cambio de un interés fijo.
- **Diversificación**: Estrategia de inversión que consiste en distribuir el capital entre diferentes activos para reducir el riesgo total de la cartera.

E

- **Endoso**: Modificación de una póliza de seguro que puede incluir cambios en la cobertura, beneficiarios o condiciones del contrato.
- **Estrategia de Inversión**: Plan de acción que un inversor utiliza para seleccionar activos con el fin de alcanzar objetivos financieros específicos.

F

- **Fondos de Inversión**: Vehículos de inversión que agrupan el capital de muchos inversores para comprar una variedad de activos, administrados por profesionales.
- **Fondo de Pensiones**: Tipo de fondo de inversión diseñado para acumular capital para el retiro, ofreciendo beneficios fiscales y seguridad financiera.

G

- **Gestión de Riesgos**: Proceso de identificación, evaluación y priorización de riesgos, seguido por acciones para minimizar, controlar y monitorear su impacto.

H

- **Hospitalización**: Término utilizado en seguros de salud para referirse a la estancia del asegurado en un hospital debido a enfermedad o accidente.

I

- **Inversión**: Acto de destinar recursos, usualmente dinero, a un activo con la expectativa de obtener un retorno o ganancia.

- **Insurtech**: Término que describe la aplicación de la tecnología en el sector de seguros para mejorar la eficiencia y la experiencia del cliente.

L

- **Legislación de Seguros**: Conjunto de leyes y regulaciones que rigen la industria de seguros, estableciendo derechos y obligaciones para aseguradoras y asegurados.

P

- **Póliza de Seguro**: Contrato legal entre el asegurador y el asegurado que detalla la cobertura, condiciones, y límites de la protección.
- **Perfil del Inversor**: Descripción que refleja la situación financiera, los objetivos de inversión y la tolerancia al riesgo de un individuo.
- **Prima**: Cantidad de dinero que el asegurado paga a la aseguradora a cambio de la cobertura del seguro.
- **Producto Financiero**: Instrumento utilizado para la inversión o ahorro, que puede incluir cuentas de ahorro, fondos de inversión, acciones y bonos.

R

- **Riesgo**: Posibilidad de que ocurra un evento negativo que cause pérdidas financieras. En el contexto de seguros, se refiere a la probabilidad de un siniestro.
- **Robo**: Acto delictivo que implica el uso de la fuerza o la amenaza para llevarse la propiedad de otra persona, a menudo cubierto por seguros de hogar o automóvil.

S

- **Siniestro**: Evento o incidente que da lugar a una reclamación de seguro, como un accidente, enfermedad o daño a la propiedad.
- **Suscripción**: Proceso mediante el cual una aseguradora evalúa y decide si acepta el riesgo de asegurar a un individuo o bien, y bajo qué condiciones.

T

- **Tasa de Interés**: Porcentaje que se cobra o se paga por el uso del capital, utilizado en productos de ahorro, préstamos y bonos.
- **Transparencia**: Práctica de proporcionar información clara y accesible sobre productos financieros y

seguros, asegurando que los consumidores entiendan lo que están comprando.

V

- **Volatilidad**: Medida de la variación del precio de un activo financiero, que indica el nivel de riesgo asociado a la inversión en ese activo.

11.2 Recursos Adicionales

La sección de recursos adicionales es fundamental para proporcionar a los lectores herramientas, información y referencias que les permitan profundizar en los temas tratados en el manual sobre seguros y productos de inversión. Esta parte incluye una variedad de recursos que van desde libros y artículos, hasta sitios web, cursos y herramientas útiles que ayudarán a los lectores a expandir su conocimiento y mejorar su capacidad para tomar decisiones informadas.

1. Libros Recomendados

- **"The Intelligent Investor" de Benjamin Graham**: Considerado el padre del análisis de valores, Graham ofrece principios fundamentales sobre inversión que siguen siendo relevantes hoy en día.

- **"A Random Walk Down Wall Street" de Burton Malkiel**: Este libro explica la teoría de la eficiencia del mercado y proporciona una guía sobre cómo invertir en diferentes tipos de activos.

- **"Your Money or Your Life" de Vicki Robin y Joe Dominguez**: Una obra que enseña sobre la relación entre el dinero y la vida, enfocándose en la planificación financiera y la inversión sostenible.

- **"Insurance for Dummies" de Jack Hungelmann**: Un libro accesible que explica los diferentes tipos de seguros y cómo elegir la cobertura adecuada.

2. Artículos y Publicaciones

- **Revistas Financieras**: Publicaciones como *Forbes*, *The Economist*, y *Barron's* ofrecen artículos regulares sobre tendencias del mercado, análisis de inversiones y seguros.

- **Informes del Mercado de Seguros**: Organizaciones como la Asociación Internacional de Supervisores de Seguros (IAIS) y la Asociación Nacional de Comisionados de Seguros (NAIC) publican informes anuales y estudios sobre la industria aseguradora.

- **Blogs Financieros**: Sitios como *Investopedia*, *NerdWallet* y *The Motley Fool* ofrecen guías, consejos y análisis sobre inversiones y seguros.

3. Sitios Web Útiles

- **Commission on Securities**: Sitio web del regulador de valores en su país, donde se pueden encontrar recursos sobre regulación y protección al inversor.
- **Consumer Financial Protection Bureau (CFPB)**: Proporciona información y recursos sobre productos financieros, incluidos seguros y opciones de inversión.
- **National Association of Insurance Commissioners (NAIC)**: Proporciona información sobre seguros y ayuda a los consumidores a entender sus derechos y responsabilidades.

4. Cursos en Línea y Webinars

- **Coursera y edX**: Ofrecen cursos sobre finanzas personales, inversiones y seguros impartidos por universidades de prestigio.
- **Khan Academy**: Proporciona cursos gratuitos sobre economía y finanzas, incluidos módulos específicos sobre inversiones y seguros.

- **Webinars de Aseguradoras y Firmas de Inversión**: Muchas compañías ofrecen seminarios en línea sobre sus productos, así como estrategias de inversión y seguros.

5. Herramientas de Planificación Financiera

- **Calculadoras de Seguros**: Herramientas en línea que permiten a los usuarios calcular la cobertura de seguro necesaria, como la calculadora de vida o de salud.

- **Simuladores de Inversión**: Plataformas que permiten a los usuarios simular diferentes escenarios de inversión, ayudando a evaluar el rendimiento potencial de diversas carteras.

- **Aplicaciones de Gestión Financiera**: Aplicaciones como *Mint*, *YNAB (You Need A Budget)* y *Personal Capital* ayudan a los usuarios a llevar un seguimiento de sus finanzas, presupuestos e inversiones.

6. Asesoramiento Profesional

- **Consultores Financieros**: Buscar la ayuda de asesores financieros certificados que puedan proporcionar orientación personalizada sobre seguros e inversiones.

- **Planificadores de Patrimonio**: Profesionales que ayudan a las personas a gestionar su patrimonio y planificar para el futuro, incluyendo la planificación sucesoria y la protección de activos.

7. Organizaciones y Asociaciones

- **Asociación de Aseguradores**: Una organización que representa a las compañías de seguros y promueve la educación sobre la industria.
- **Instituto de Inversiones**: Proporciona recursos y formación en inversiones, así como investigaciones sobre tendencias del mercado.

8. Normativas y Legislación

- **Códigos de Práctica y Normativas Locales**: Acceso a los códigos de conducta y las normativas que regulan el sector de seguros y productos de inversión en cada país.
- **Publicaciones de Reguladores**: Documentos y guías publicadas por los organismos reguladores que ofrecen información actualizada sobre las obligaciones y derechos tanto de consumidores como de proveedores.

11.3 Estudios de Caso

Los estudios de caso son herramientas valiosas en la educación financiera, ya que proporcionan ejemplos prácticos y reales que ilustran cómo los conceptos teóricos se aplican en situaciones del mundo real. Esta sección incluye una selección de estudios de caso que abordan diversos aspectos de seguros y productos de inversión, lo que permitirá a los lectores comprender mejor las decisiones financieras y las consecuencias de estas en diferentes contextos.

Estudio de Caso 1: Seguro de Vida y Planificación Patrimonial

Contexto: Carlos es un joven profesional de 30 años, casado y padre de dos hijos pequeños. Trabaja como ingeniero y está comenzando a pensar en su futuro financiero. Carlos ha escuchado sobre la importancia del seguro de vida, pero no está seguro si realmente lo necesita.

Decisiones Tomadas: Carlos se reunió con un asesor financiero para discutir sus opciones. El asesor le explicó cómo un seguro de vida puede proteger a su familia en caso de su fallecimiento. Tras evaluar su situación, Carlos decidió adquirir una póliza de seguro de vida a término, suficiente para cubrir las necesidades de su familia durante su vida laboral.

Resultados: Tres años después, Carlos falleció trágicamente en un accidente. Su póliza de seguro de vida proporcionó a su esposa e hijos un capital suficiente para cubrir gastos de vivienda, educación y mantenimiento del estilo de vida. Gracias a esta decisión, la familia pudo enfrentar la tragedia sin sufrir problemas financieros significativos. Este caso ilustra la importancia de la planificación patrimonial y cómo un seguro de vida puede ser fundamental para la seguridad financiera de los seres queridos.

Estudio de Caso 2: Fondos de Inversión y Diversificación

Contexto: Laura, una profesional de 35 años, tiene ahorros de aproximadamente $20,000. Está interesada en invertir, pero tiene un conocimiento limitado sobre el mercado financiero y siente que no tiene el tiempo para gestionar una cartera de acciones individualmente.

Decisiones Tomadas: Laura optó por invertir en un fondo de inversión de renta mixta que incluye acciones y bonos. Esto le permitió diversificar su inversión sin tener que gestionar activamente cada activo. Se reunió con un asesor para elegir un fondo que se alineara con su tolerancia al riesgo y sus objetivos financieros a largo plazo.

Resultados: Después de cinco años, el fondo de inversión había crecido un 40%, superando a la media del mercado. Laura aprendió sobre la importancia de la diversificación y cómo un fondo de inversión puede ayudar a minimizar riesgos y maximizar retornos en comparación con la inversión en acciones individuales. Este caso destaca la efectividad de la diversificación como estrategia de inversión.

Estudio de Caso 3: Seguro de Salud y Atención Médica

Contexto: José es un trabajador autónomo de 45 años que no contaba con un seguro de salud, confiando en que no tendría grandes gastos médicos. Sin embargo, un día, sufrió un infarto que requirió atención médica inmediata.

Decisiones Tomadas: Tras el infarto, José se dio cuenta de la necesidad urgente de un seguro de salud. Investigó diferentes pólizas y eligió una que incluía cobertura para emergencias, hospitalización y chequeos anuales. También decidió incluir una cláusula adicional para cobertura de enfermedades críticas.

Resultados: Gracias a su nuevo seguro, José pudo recibir tratamiento de rehabilitación sin incurrir en deudas significativas. Aprendió que la prevención es tan importante como el tratamiento y se comprometió a mantener un estilo de vida más saludable. Este caso muestra la importancia del seguro de salud para la protección financiera ante emergencias médicas.

Estudio de Caso 4: Inversión en Criptomonedas

Contexto: María, una estudiante de 25 años, se sintió intrigada por el auge de las criptomonedas y decidió invertir parte de sus ahorros. Sin embargo, carecía de una comprensión profunda sobre este tipo de inversión.

Decisiones Tomadas: María comenzó a investigar y a educarse sobre las criptomonedas, aprendiendo sobre la tecnología blockchain, los riesgos y las volatilidades del mercado. Decidió invertir un 10% de sus ahorros en Bitcoin y Ethereum, utilizando una plataforma de intercambio segura.

Resultados: En un año, María experimentó un aumento del 150% en su inversión, pero también se enfrentó a una caída significativa en el valor de sus activos. Esta experiencia le enseñó sobre la volatilidad de las criptomonedas y la importancia de la investigación y la educación continua en inversiones. Este caso ilustra tanto las oportunidades como los riesgos de invertir en criptomonedas.

Estudio de Caso 5: Evaluación de Proveedores de Seguros

Contexto: Ricardo y Ana son una pareja que está buscando un seguro de hogar para proteger su nueva casa. Son nuevos en el proceso de compra de seguros y quieren asegurarse de elegir un proveedor confiable.

Decisiones Tomadas: Decidieron investigar diferentes aseguradoras, revisando opiniones de clientes y consultando las calificaciones de satisfacción del cliente. También utilizaron comparadores de seguros en línea para evaluar precios y coberturas. Finalmente, eligieron una aseguradora con buenas referencias y una póliza que cubría tanto daños por incendio como robos.

Resultados: Un año después, la casa de Ricardo y Ana sufrió un robo. Gracias a su póliza de seguro, pudieron recibir una indemnización que les permitió reponer sus pertenencias. Esta experiencia les enseñó la importancia de investigar y comparar proveedores de seguros para asegurar la mejor protección posible. Este caso subraya la importancia de la evaluación cuidadosa de los proveedores de seguros.

12. Bibliografía

1. Libros

- **Graham, Benjamin.** *The Intelligent Investor.* HarperCollins, 2006.
  - Este clásico de la inversión proporciona principios fundamentales y estrategias que han guiado a los inversores durante décadas. Graham aborda la importancia de la inversión en valor y la filosofía de inversión a largo plazo.
- **Malkiel, Burton G.** *A Random Walk Down Wall Street: The Time-Tested Strategy for Successful Investing.* W.W. Norton & Company, 2019.
  - Malkiel examina la teoría de los mercados eficientes y argumenta que es difícil superar el mercado, ofreciendo consejos sobre cómo los inversores pueden construir carteras diversificadas.
- **Robinson, Vicki y Dominguez, Joe.** *Your Money or Your Life: 9 Steps to Transforming Your Relationship with Money and Achieving Financial Independence.* Penguin Books, 2008.
  - Este libro se centra en la relación entre el dinero y la vida personal, ofreciendo un enfoque para

lograr la independencia financiera a través de una mejor gestión del dinero.

- **Hungelmann, Jack.** *Insurance for Dummies*. Wiley, 2013.
  - Una guía accesible que desglosa los conceptos básicos del seguro, explicando diferentes tipos de pólizas y cómo elegir la cobertura adecuada para diversas necesidades.

- **Meissner, Daniel.** *The Book on Managing Rental Properties*. BiggerPockets Publishing, 2015.
  - Aunque se centra en el sector inmobiliario, este libro ofrece insights sobre la importancia de la cobertura de seguros para propietarios y cómo proteger sus inversiones.

2. Artículos Académicos y de Revistas

- **Hirsch, Jerry.** "The Impact of Health Insurance on Health Outcomes." *Journal of Health Economics*, vol. 28, no. 4, 2009, pp. 879-894.
  - Este artículo analiza cómo la cobertura de seguros de salud afecta los resultados de salud de los individuos y la importancia de acceder a atención médica oportuna.

- **Brown, Jeffrey R. y Warshawsky, Mark J.** "Longevity Risk and the Retirement System." *The Journal of Risk and Insurance*, vol. 73, no. 2, 2006, pp. 181-213.
  - Se discute cómo los productos de inversión, como los planes de pensiones, deben adaptarse a los riesgos de longevidad en el contexto de la planificación para la jubilación.

3. Informes y Documentos de Investigación

- **International Association of Insurance Supervisors (IAIS).** *Global Insurance Market Report.* IAIS, 2020.
  - Un informe anual que proporciona un análisis completo del estado del mercado de seguros global, incluyendo tendencias, desafíos y oportunidades.
- **Financial Industry Regulatory Authority (FINRA).** *Investing Basics: A Guide for Beginners.* FINRA, 2021.
  - Este documento proporciona información básica sobre inversiones, cómo funcionan los mercados financieros y qué considerar antes de invertir.

4. Sitios Web y Recursos en Línea

- **Investopedia.** www.investopedia.com

- Un recurso completo que ofrece definiciones, guías y artículos sobre inversiones y finanzas personales.
- **Consumer Financial Protection Bureau (CFPB).** www.consumerfinance.gov
  - Proporciona recursos para consumidores sobre productos financieros, incluida la educación sobre seguros e inversiones.
- **National Association of Insurance Commissioners (NAIC).** www.naic.org
  - Sitio web de la organización que regula la industria de seguros en Estados Unidos, ofreciendo recursos sobre seguros y protección del consumidor.

5. Cursos y Recursos Educativos

- **Coursera.** *Financial Markets* por Robert Shiller. Yale University, 2021.
  - Este curso en línea ofrece una visión general sobre cómo funcionan los mercados financieros y la importancia de las inversiones.
- **edX.** *Personal Finance* por Purdue University, 2020.
  - Un curso que cubre conceptos de finanzas personales, incluidas inversiones y seguros, y cómo tomar decisiones financieras informadas.

- **Ley de Protección al Consumidor Financiero (CFPA)**: Proporciona un marco regulador que protege a los consumidores en el ámbito de los productos financieros, incluidos los seguros.

- **Reglamento de Seguros**: Normativas emitidas por autoridades locales que regulan la operación de las compañías de seguros, garantizando la transparencia y protección del consumidor.